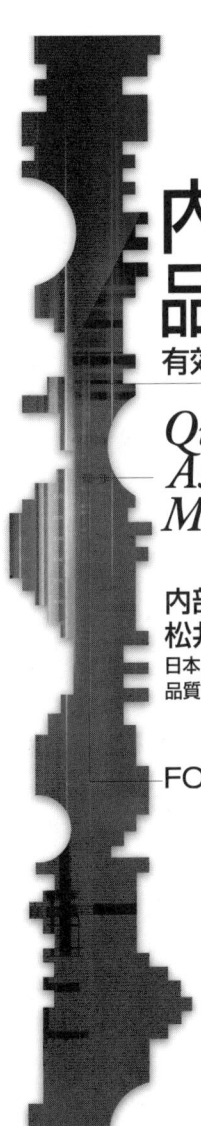

内部監査の品質評価マニュアル

有効性と価値の向上のために

Quality
Assessment
Manual

内部監査人協会・編
松井隆幸・監訳
日本内部監査協会
品質評価マニュアル翻訳委員会・訳

FOURTH EDITION

同文舘出版

Disclosure
Copyright © 2002 by The Institute of Internal Auditors, 247 Maitland Avenue, Altamonte Springs, Florida 32701-4201. All rights reserved. Printed in the United States of America. No part of this publication may be reproduced, stored in a retrieval system, or transmitted in any form by any means — electronic, mechanical, photocopying, recording, or otherwise — without prior written permission of the publisher.

The IIA publishes this document for informational and educational purposes. This document is intended to provide information, but is not a substitute for legal or accounting advice. The IIA does not provide such advice and makes no warranty as to any legal or accounting results through its publication of this document. When legal or accounting issues arise, professional assistance should be sought and retained.

The Professional Practices Framework for Internal Auditing (PPF) was designed by The IIA Board of Directors' Guidance Task Force to appropriately organize the full range of existing and developing practice guidance for the profession. Based on the definition of internal auditing the PPF comprises *Ethics* and *Standards, Practice Advisories,* and *Development and Practice Aids,* and paves the way to world-class internal auditing.

This guidance fits into the Framework under the heading *Development and Practice Aids.*

ISBN 0-89413-477-9
01544 02/02
First Printing

監訳者序文

　内部監査は，世界的な内部監査人の専門職業団体である内部監査人協会（IIA）による定義でも謳われているように，「組織体の運営に価値を付加し，また改善するために行われる，独立にして，客観的な保証およびコンサルティング活動」である。そこでは，特に，リスク管理，コントロールおよびガバナンス・プロセスの有効性を評価し，改善のための提案をするものとされている。

　今日，数多くの企業の倒産や不祥事の発生に直面する中で，企業リスクを評価した上でそれを管理することの必要性を認識し，リスクを軽減するためのコントロールを充実することが，企業の競争力を高めるためにも不可欠であるという認識が醸成されてきている。さらには，リスク管理やコントロールを監視するコーポレート・ガバナンスの確立が健全な企業経営には不可欠であるという認識も醸成されてきているといえる。これらの認識の醸成に伴い，かつてないほど，リスク管理，コントロールおよびガバナンス・プロセスを対象とする，内部監査の機能は重視されてきているといえよう。

　しかし，内部監査による有効性評価や改善提案が，関係者に信頼され，受け入れられるためには，内部監査が，適切な基準を遵守して，一定水準以上の監査を実際に行うと同時に，そのことについて関係者に信頼される必要がある，今日，内部監査の結果に信頼を寄せようとする関係者が，最高経営者層および取締役会（監査役会）や被監査側のみならず，外部監査人や監督官庁その他の外部利害関係者にも広がってきている結果，その必要性は，より高まってきているといえる。内部監査の機能が重視されてくるということは，内部監査の品質がより厳しく問われるということも意味しているのである。

IIAの2000年の基準の改訂では，品質保証および改善プログラムとして，7つの独立した基準を設けた。旧基準において，品質保証を内部監査部門の管理という項目の中のひとつとして扱っていたことと比較すれば，著しく重要視されるようになったといえよう。このことは，内部監査機能の重視に伴い，品質保証（評価）がより厳しく問われるようになったことを反映しているとみることができる。

　本書は，2000年の基準改訂に準拠した品質保証（評価）のあり方を規定する指針である。これまでにIIAが蓄積してきた品質保証（評価）実務を取り入れ，体系化したものであるだけに，日本でそのまま適用するには困難な部分もあるにせよ，本書を参考に内部監査の品質保証を試みることは，内部監査の品質を維持し，より高めてゆくために有益であると確信している。それゆえ，本書が，多くの企業の内部監査活動（部門）で活用され，その品質の維持向上に貢献するとともに，リスク管理やコントロールの確立に少しでも貢献することができれば幸いである。

　本書を，比較的短期間のうちに出版にこぎつけることができたのは，各訳者の協力があったからである。まず，翻訳委員会に参加していただいた先生方に御礼を申し上げておきたい。また，本書の翻訳に当たっては，日本内部監査協会（IIA-Japan）の全面的な協力を得た。協会の，中村恭久理事，神田幸尚理事，そして翻訳委員会の事務局を努めていただいた土屋一喜事務局次長には，特に感謝申し上げておきたい。最後に，市場性の乏しい内部監査という分野の翻訳書の出版であるにもかかわらず，親身になってお力添えをいただいた，同文舘出版株式会社の秋谷克美氏に対しても，心より御礼申し上げる次第である。

2003年1月
松井　隆幸

まえがき

　本品質評価マニュアル（第4版）は，1996年にIIAが発行した**ビジネス指向品質保証レビュー・マニュアル（第3版）**をアップデイトし，かつ拡張したものである。最初のマニュアルは，1984年に発行され，長期の使用によるテストに耐えてきた。マニュアルは，『**内部監査の専門職的実施の基準**』（**基準**）への適合性を評価するための主たる指針であり，実践的ツールであり続けている。そして，それと同じほど重要なことには，内部監査諸活動の有効性と価値を高めるための機会を示し続けている。

　本マニュアルは，IIAの新**基準**の発行，これに関連する内部監査プロフェッションにおける変化，およびプロフェッションが業務を行うますます多くの要求を示すビジネス環境に対応して，アップデイトされている。これらの変化の影響および本マニュアルでの内容の拡張については，序章において簡潔に，**第1章**において，より詳細に討議されている。

◆目　次◆

監訳者序文 ———————————————————————— i
まえがき —————————————————————————— iii
略語一覧 —————————————————————————— vi
序　章 ——————————————————————————— 1
第1章　新しい内部監査の出現 ——————————————— 7
第2章　外部レビュー：ビジネス指向品質評価 ———————— 23
第3章　独立の正当化を伴う自己評価 ———————————— 41
第4章　内部評価 ————————————————————— 53
第5章　コンサルティングおよびアドバイザリー・サービス —— 71
第6章　品質評価のためのツールの概要 ——————————— 93

付章Ⅰ　内部監査業務の品質評価に関するIIAの基準および
　　　　実践要綱 ………………………………………………… 101
付章Ⅱ　ガバナンス，企業リスク，マネジメント・コントロールおよび
　　　　アカウンタビリティ ……………………………………… 113
付章Ⅲ　モデル ……………………………………………………… 121
付章Ⅳ　内部監査のための「ベスト・プラクティス」の例 ……… 133

付録A
　ツール1　準備および計画策定プログラム ………………… 139
　ツール2　品質評価のための自己調査書 …………………… 141
　ツール3　CAE（内部監査担当役員）質問書 ……………… 151
　ツール4　監査対象者調査書 ………………………………… 156
　ツール5　内部監査活動スタッフ調査書 …………………… 162

付録 B
ツール 6　インタビュー・ガイド―取締役会（監査委員会）メンバー …166
ツール 7　インタビュー・ガイド―CAE（内部監査担当役員）が報告
　　　　　する役員 …………………………………………………………171
ツール 8　インタビュー・ガイド―上級経営者および業務管理者 …176
ツール 9　インタビュー・ガイド―CAE（内部監査担当役員）……181
ツール10　インタビュー・ガイド―内部監査活動スタッフ …………186
ツール11　インタビュー・ガイド―外部監査人 ………………………190

付録 C
ツール12　内部監査活動組織体の評価 …………………………………195
ツール13　リスク評価と監査業務計画 …………………………………197
ツール14　スタッフのプロフェッショナルな技能 ……………………203
ツール15　情報テクノロジー（IT）―レビューおよび評価手続 ……206
ツール16　生産性および価値の付加についての評価 …………………216
ツール17　個別監査調書ファイルのレビュー・プログラム …………219

付録 D
ツール18　観察および問題ワークシート ………………………………234
ツール19　基準遵守性評価サマリー ……………………………………235
ツール20　報告書―説明情報 ……………………………………………251
ツール20-A　品質評価レビューの報告書例 ……………………………253
ツール20-B　自己評価報告書 ……………………………………………270
ツール20-C　独立の正当化担当者の報告書例 …………………………271

索　引 ――――――――――――――――――――――――――273

略語一覧

略号	英 語	日本語
B2B	Business to Business	企業間電子商取引
B2C	Business to Customer(s)	企業消費者間電子商取引
CA	Chartered Accountants	勅許会計士
CAATS	Computer Assisted Audit Tools	コンピュータ活用監査ツール
CAE	Chief Audit Executive	内部監査担当役員
CBOK	A Common Body of Knowledge for the Practice of Internal Auditing	(内部監査人協会の)世界的に共通の知識体系
CEO	Chief Executive Officer	最高経営責任者
CFIA	The Competency Framework for Internal Auditing	(内部監査人協会の)「内部監査の適格性フレームワーク」
CFO	Chief Financial Officer	最高財務担当責任者
CIA	Certified Internal Auditor	公認内部監査人
CISA	Certified Information System Auditor	公認情報システム監査人
COSO	The Committee of Sponsoring Organizations of the Treadway Commission	トレッドウェイ委員会支援組織委員会
CPA	Certified Public Accountants	公認会計士
CPE	Continuing Professional Education	継続的専門教育
CSA	Control Self-Assessment	コントロール自己評価
EDI	Electronic Data Interchange	電子データ交換
EFT	Electronic Funds Transfer	電子送金
GAIN	Global Auditing Information Network	(内部監査人協会の)世界監査情報ネットワーク
GTF	Guidance Task Force	(内部監査人協会の)ガイダンス特別委員会
IASB	Internal Auditing Standards Board	(内部監査人協会の)内部監査基準審議会
IIA	The Institute of Internal Auditors	内部監査人協会
POS	Point of Sale	販売時点情報管理システム
QA	Quality Assessment	品質評価
QAR	Quality Assessment Review	品質評価レビュー
QAS	Quality Auditing Services	(内部監査人協会の)品質監査サービス
SAC	Systems Auditability and Control	(内部監査人協会の報告書)「システムの監査可能性とコントロール」
VAN	Value-Added Network	付加価値通信網
VFM	Value-for-money	「支払に対して最も価値の高いサービスを供給する」という考え方
WAN	Wide Area Network	広域通信網

序　章

　2002年1月に発効する新**基準**に準拠して,「内部監査活動は,品質プログラムの全般的な有効性をモニターし,かつ評価するためのプロセスを採用しなければならない」(**基準1310**)。まえがきで指摘したように,本マニュアルの以前の版は,内部および外部のレビュー者が品質プログラムをテストしかつ評価する際と同じく,CAE(内部監査担当役員)が品質プログラムを設定し,維持するうえでの指針およびツールを提供するようにデザインされていた。本第4版では,この指針をアップデイトし,かつ拡張し,そしてモデルおよび評価ツールを強化する。

　本第4版は,新**基準**が要求する品質プログラムの主要要素に基づいて,引き続き外部評価に力点をおきつつ,以下に要約するような各章に分かれている。

・第1章では,主として,新基準と内部監査の近年の発展に基づいて,本マニュアルの新しい版の根拠を示している。ここでいう内部監査の発展には,①ビジネス・リスクにますます焦点をおくようになってきていること,②その諸活動を経営戦略およびアカウンタビリティとより密接に結び付けるようになっていること,および③合理的保証サービスを提供し続けつつも,アドバイザリーおよびコンサルティング・サービスを通して経営者に貢献することをさらに強調するようになっていることが含まれる。
・第2章では,すべての内部監査活動の品質プログラムの笠石である,外部品質評価について概説する。**基準1312**において明らかにされるように,こうした外部品質評価は,「組織体外部の有資格か

つ独立のレビュー者またはレビュー・チームにより，少なくとも5年に一度は実行されなければならない」。

- 第3章「独立の正当化を伴う自己評価」は，外部評価プロセスをより幅広い内部監査活動へ拡張するためにデザインした新しい手法であり，**基準1312**を遵守するための代替的手段である。この代替案は，第2章で概説した品質評価と似てはいるが，それほど広範囲ではなく，CAEの指示のもとで自己評価ベースで実施される，厳格かつ文書化された品質評価を要求する。この自己評価は，次に，外部品質評価チームの資格と似た資格を持つ独立の評価者により正当化される。加えて，この評価者は，外部評価における技能を示す資格証明を有すべきであると勧告される。

- 第4章では，内部監査活動の内部品質評価プロセスの要素——**基準適合性の評価**，規程，ミッション・ステートメント，目標およびポリシー・マニュアルの遵守，監督，スタッフ教育，および内部監査活動の有効性を評価し，かつ継続的改善を促進するその他のステップ——を設定する。

- 第5章では，特定の内部監査プロセスを実行または改善するようにデザインされた，さまざまな特別のプロジェクト／サービスの概要を示す。有効な内部監査機能であるための基礎構築，リスク評価および計画策定モデルの実行または向上，内部監査活動の利害関係者との関係および彼らに対するサービス価値の改善，監査委員会の役割規定，および不正の摘発と防止は，その例の一部である。

- 第6章では，品質評価等のツールについてのプログラム・セグメ

ントの概要を示す。ここでは，これらを，自己評価（第3章）および特別プロセス改善プロジェクト（第5章）におけると同様，外部／内部評価において用いるための，簡単な指針も示す。第6章は，また，プログラム・セグメントおよびツールを適用するための全体的索引および照合用の資料としても役立つ。

本マニュアルの全6章は，**4つの付章および付録**により補足される。そこには，実践的指針，文書類のモデル，および6つの章で説明し，かつ参照したさまざまな評価ツールが含まれている。**付章**とその内容は，次の通りである。

Ⅰ．品質評価に関連する**IIA基準**および**実践要綱**（1300シリーズ）

Ⅱ．品質評価に関連するガバナンス，企業リスクおよびマネジメント・コントロール――企業リスク管理のフレームワークおよび内部監査の調整および統合のための指針の例示を付けた，企業リスク，マネジメント・コントロール，およびアカウンタビリティの概要。

Ⅲ．モデル：マネジメント・コントロール方針のサンプル・モデル，監査委員会（またはこれに類する監視機能）の規程モデル，内部監査活動規程のモデル，および内部監査測定規準のリスト，を含む。

Ⅳ．現在の内部監査のベスト・プラクティスのリスト――それぞれに関する簡単な説明を含む。

付録――以下の4セグメントに分け，品質評価ツールを示す。

　付録 A――品質評価の準備および予備的段階のツール

・準備および計画策定プログラム（ツール１）。
・自己調査ドキュメントの作成指針：独立の正当化を伴う自己評価を含む，品質評価の準備をする上で使用する目的のもの（ツール２）。
・内部評価で使用するためのCAE質問書（他の評価において，ツール２およびツール９を補完または代替する可能性もある）（ツール３）
・調査フォーマット：内部監査活動の対象者用（ツール４），および内部監査活動のスタッフ用（ツール５）。

付録 B——インタビュー・ガイド：取締役会メンバー用（ツール６），CAEが報告をする役員用（ツール７），組織体のその他経営者用（ツール８），CAE用（ツール９），他の内部監査担当者用（ツール10），および組織体の外部監査人用（ツール11）。

付録 C——外部評価チームが内部監査活動の内容を評価するための，または自己評価およびその他の内部品質評価プロセスにおいて用いるための，プログラム・セグメント（ツール12～17）。

付録 D——発見事項を要約し，最終意見交換会の準備をするための（ツール18），内部監査活動の基準適合性を全体的に評価するための（ツール19），品質評価における報告書の例示を含め，結果を報告するための（ツール20，およびツール20A～C），指針。

多くの内部監査プロセスと同様，品質評価は，発展し続けている。したがって，柔軟性と革新性が，本マニュアルを利用する者のモット

ーでなければならない。IIAは，ここで述べたプロセスおよびツールについてのコメント，および，特に付章に含まれるツールやモデルを実際に用いた経験に基づくような，これらをより強化するための提案を要請する。コメントおよび提案を，QAR@theiia.org へ電子メールで送信していただきたい。

第1章

新しい内部監査の出現

新監査基準が要求する新しい品質保証の視点

　定評ある内部監査人の世界的なリーダーとして，IIAは，本**品質評価マニュアル**の改訂版を公表することを喜ばしく思っている。本マニュアルは，1984年に始まったシリーズの4訂版である。読者が，内部監査人，取締役会または監査委員会メンバー，外部利害関係者，教育者，または学生のいずれであろうとも，本マニュアルは，内部監査プロセスを理解しかつ認識を高めるために役立つであろう。さらに重要なことに，本マニュアルは，実務家が組織体に価値を付加するため，こつこつと業務を行う際に，彼らを支援するために，適切な高水準の基準を描き出すであろう。

　この改訂は，過去5年間に，内部監査の世界に生じた重要な変化に対処するため，必要となった。これらの変化の中には，新しい内部監査の定義，IIAの**内部監査の専門職的実施の基準（基準）**の改訂，そしてこれに関連するIIAプロフェッショナル実務フレームワークの変更がある。加えて，内部監査が企業リスクにより一層注目するようになったこと，経営者の「パートナー」となるための新しい方法が発展したこと，および情報技術をより一層強調するようになったことは，内部監査がそのさまざまな関係者に貢献する方法を大きく変えた。換言すれば，内部監査人は，その保証活動と，**プロセス改善等のコンサ**

ルティング活動とのよりよい均衡を図る方法を見いだしつつある。本章では，これらの話題を紹介するが，本マニュアルの付章およびツールでは，より詳しく述べる。

新しい内部監査の定義

　内部監査は，組織体の運営に関し<u>価値を付加し</u>，また改善するために行われる，独立にして，客観的な<u>保証</u>および<u>コンサルティング活動</u>である。内部監査は，組織体の目標の達成に役立つことにある。このために，内部監査は，体系的手法と規律遵守の態度とをもって，<u>リスク管理，コントロールおよびガバナンス・プロセスの有効性を評価し，改善する</u>。（下線は追加）

内部監査のビジネス指向

　リスク管理の中心的責任は，経営者にある。企業目標を達成するため，経営者は，健全なリスク管理プロセスが整備され，機能していることを保証しなければならない。取締役会は，適切なリスク管理プロセスが整備され，これらのプロセスが十分かつ有効であることを判断する監視の役割を持つ。内部監査人は，経営者によるリスク・プロセスの十分性と有効性を検査，評価，報告し，そして改善を勧告することにより，経営者と取締役会の双方に役立たなければならない。経営者と取締役会は，当該組織体のリスク管理およびコントロール・プロセスに責任がある。しかし，コンサルティングの役割で行動する内部監査人は，これらのリスクに対処するためのリスク管理方法論およびコントロールを明らかにし，評価し，かつ実行する上で，組織体に貢献することができる。

多くの企業において，リスク管理は，すべての企業活動およびマネジメント・コントロールの中心的構成要素である。この企業には，「企業活動」であるとは考えられないことも多いパブリック，プライベート両セクターにおける実体も含まれる。——そうした実体においても，リスクの管理，有効なコントロールズの維持，およびアカウンタビリティの確立が，成功するためには不可欠である。

実体のリスクの大きさは，戦略および目標の選択，業務上のゴールおよびアカウンタビリティの確立，プロジェクト間および企業セグメント間での資金配分，名声または信頼の喪失の発生可能性の最小化，および実体を管理するための最適技術の活用に関連する。したがって，財務および非財務領域の双方における内部監査の伝統的な保証役割の強化は，その評価，プロセス改善およびそれに関連するコンサルティング活動の拡張と同じく，幅広いリスク管理フレームワークに対する論理的補完要素である。内部監査の新しい定義に沿って，「新しい内部監査」は，経営者，取締役会，および実体の他の利害関係者に対するサービスのフレームワークを拡大しなければならない。

これまで，今日の内部監査人に対するほど，プロフェッショナリズム，知識，誠実性，そしてリーダーシップの要請が切迫している時代はなかった。有効な内部監査人は，その組織体の法人としての良心として役立ち，業務上の能率性，内部コントロール，およびリスク管理のために戦う。彼らはまた，組織体がそのゴールおよび目標を達成することを支援するため，経営者および取締役会（および（または）ガバナンス監視機関）を教育し，かつ勧告を行う。このプロフェッションについての新しい定義は，内部監査実務家のさまざまな役割と責任について述べている。

今日の内部監査人は，最高品質の結果を保証するために行わなければならないこと，および長期にわたる有効性とプロフェッショナリズムを達成するためにしなければならないことをどのようにして選別するだろうか？　プロフェッショナルな内部監査実務家は，**倫理綱要**および**基準**に設定された指針を遵守し，個人的に資格証明を追求して獲得し，内部評価を行い，遵守について正当化するため，独立の外部品質レビューを受ける。これらの実務が日常的に行われるとき，監査人およびその貢献する組織体の両者にとっての成功を導くことができる。

ガイダンス・フレームワーク

ビジネス・プロセスが洗練され，複雑になるとともに，内部監査プロフェッションもまた進化する。この2，3年にわたり，プロフェッションにこれらの変化を反映し，実務家と彼らの貢献を受ける者を導くために，構造的向上の必要なことが明らかとなった。

この再構築プロセスにおける最初のステップは，**内部監査の適格性フレームワーク（CFIA）**として知られる広範囲の研究プロジェクトであった。これは，部分的には，世界的に**共通の知識体系（CBOK）**を明らかにするために行われた。しかしながら，**CFIA**研究の目標は，**CBOK**のみを示すよりもより広範囲であった。それは，内部監査の将来の役割，監査人が必要とする能力，そしてこれらの能力を評価する方法を含んでいる。研究者達は，この作業をする上で，6つの独立ではあるが関連性のある研究を生み出し，多くの研究方法を活用した。

次に，IIAは，プロフェッションのニーズを研究し，将来のためのガイダンス・フレームワークを形成するため，国際的プロフェッショナルグループを招集した。IIAガイダンス・特別委員会（GTF）として

知られる，この高名なグループは，自分自身の経験から，およびさまざまな調査研究，実態調査および討論会から得られる情報を収集し，かつ総合化した。その成果は：プロフェッションの定義に基づき，**倫理綱要**により裏付けられたプロフェッショナルな実務フレームワークである。このフレームワークは，**基準，実践要綱**および教育・実務資料の形での，それぞれに強制的，助言的，実践的な指針から構成される。

このフレームワークの採用を，有効な内部監査実務のために，これほど重要としたものは何であり，これが利害関係者にとって非常に重要である理由は何だろうか？　今日，実務家が実施する業務の範囲は非常に広範囲でかつ多様なので，業種，監査の特殊性またはセクターに係わりなく，容易に採用しかつ遵守できる明瞭で簡潔な指針の必要性が高くなっている。このフレームワークは，その要請を満たしている。これはまた，組織体全体を通して，有効性を評価しかつ保証する実務を規定することにより，経営者，組織体のガバナンス機関，投資者，その他すべての利害関係者に対し，さらに役立つようになっている。ここで，新しいIIAのプロフェッショナル実務フレームワークを要約しておく。

・**倫理**および**基準**。これは，**倫理綱要**および**基準**を含んでいる。これらの遵守は，強制である。すべての強制的指針は，公開草案プロセスを通して，プロフェッション全体によるレビューを受ける。これらは，内部監査のプロフェッショナルな実務のために必要不可欠と考えられている。

・**実践要綱**。実践要綱は，旧**基準**に含まれていたものを多く含む非強制的ガイドラインに該当する。**実践要綱**の一部は，旧ガイドラ

インを利用して，かつて対象とされていなかった領域では新しいものを作ることにより，作成された。強制されていないとはいえ，**実践要綱**は，基準を実行する方法としてIIAが認めた最善のアプローチおよび解釈を現す。部分的に，**実践要綱**は，**基準**を解釈するため，あるいは基準を特定の内部監査環境に適用するために役立つであろう。一部の**実践要綱**はすべての内部監査人に役立つであろうが，他の一部は，特殊な業界，特定の特殊な監査，または特定の地域のニーズに適合するように作成されるであろう。

本マニュアルの付章Ⅰでは，品質評価に関連する**実践要綱**に基づく指針を要約している。**実践要綱**はまた，IIAのウェブ・サイトでも利用できる。

・**教育・実務資料**。教育・実務資料は，内部監査のプロフェッショナル実務に関連する，教育用の製品，研究調査，セミナー，会議，その他の資料を含んでいる。教育・実務資料は，IIAにより作成および（または）認定されたものであるが，**基準**または**実践要綱**として認定するための規準には適合しないものである。教育・実務資料は，内部監査実務家に，内部監査スタッフの教育・啓発のための技術やプロセスおよびこれに関連するプロセスを提示するため，IIAが依頼したさまざまな専門家や機関の見解を提供する。本マニュアルは，この教育・実務資料の一例である。

基準の作成

新フレームワークの中で，GTFは，3種類の**基準**——**属性基準**，**業務基準および実施準則**——を作成するように要求した。**属性基準**は，内部監査サービスを実施する組織体および個々人の属性を扱う。**業務**

基準は，内部監査サービスの性質を説明し，サービスの実施の質を測定するための品質規準を提供する。**属性および業務基準**は，すべての内部監査サービスに適用される。**実施準則**は，内部監査人が提供する保証サービス，コンサルティング・サービスといった幅広い業務の中で，特定の種類の業務に適用できる**基準**を規定して，**属性および実施基準**を拡張する。実施準則は，最終的に，業界特有の，地域的な，または特殊性のある監査サービスを扱うであろう。

新しい品質保証基準の適用

内部監査の新しい定義は，リスク，コントロールおよびガバナンスについて述べている。優れたコーポレート・ガバナンスは，取締役会および上級経営者にとって最も重要な課題のひとつであるが，今に至るまで，内部監査人は，ガバナンスについて述べた**基準**を全くもっていなかった。**基準2130**，ガバナンスは，現在でも相当に一般的である——それは，ガバナンスについてだけの特殊な監査が必要であるというのか，それともある他のタイプの監査の一部であるべきとするのか，明らかにしていない——あるいは，他の形でガバナンスに貢献できるというのかも。それは，組織体の価値との一貫性を保証するため，どの程度の頻度で業務およびプログラムをレビューする必要があるのかを明らかにしていない。多くのさまざまなタイプの内部監査活動があるがゆえに，これらの**基準**に適合する多くの正当な方法がありえる。**基準**は，内部監査人がガバナンス・プロセスに貢献しようとすることを保証するようにデザインされているが，あらゆる組織体において機能できるように，**基準**には十分な柔軟性がある。

先に述べたように，強制的ガイダンスは，核心となる資料から構成される。すなわち，内部監査の定義，**倫理綱要**，および**内部監査の専**

門職的実施の基準である。これらは，公開草案プロセスを通して，プロフェッションによるレビューを受けるため提出されてきており，内部監査のプロフェッショナルな実務のために必要不可欠と考えられる。すべての協会メンバーおよびCIAは，**基準**および**倫理綱要**を遵守することに合意している。

　基準におけるすべての変化の中で，品質保証のセクションは，**基準**の新しい焦点を，おそらくもっとも明瞭に示している。──それは，真に，価値を付加するという新しい焦点を示すのである。旧**基準**においては，品質保証について，何の基準もなかった。**基準500**内部監査部門の管理のもとで，品質保証と題されたセクションがあっただけである。現在，品質保証および改善プログラムについて，7つの独立した強制的**基準**がある。この7つの新**基準**は，次の通りである。

1300－品質保証および改善プログラム

　CAE（内部監査担当役員）は，内部監査活動にかかるすべての問題を網羅し，その有効性を継続的に監視する品質保証および改善プログラムを作成し，維持しなければならない。プログラムは，内部監査部門が組織体の運営に価値を付加し，また改善することに役立ち，内部監査部門が基準および「倫理綱要」を遵守していることの保証を与えるように設計されなければならない。

- 1310－品質プログラムの評価
　　内部監査活動は，品質プログラムの全般的な効果をモニターし，評価するためのプロセスを採用しなければならない。そのプロセスには，内部評価と外部評価との双方を含まなければならない。
- 1311－内部評価
　　内部評価は，以下を含まなければならない。

・内部監査活動の業績についての同時進行的レビュー
・自己評価を通じ，または内部監査の実務や**基準**についての知識を有する組織体内の他の人々により実施される，定期的なレビュー

・1312 – 外部評価

品質保証レビューのような外部評価は，組織体の外部から有資格，かつ独立なレビュー者またはレビュー・チームによって，少なくとも5年ごとに1度は実施されなければならない。

・1320 – 品質プログラムの報告

CAEは，外部評価の結果を取締役会に報告しなければならない。

・1330 – 「基準に準拠して実施された」の用語の使用

内部監査人は，その業務が「『**内部監査の専門職的実施の基準**』に準拠して実施された」と報告するようにすることが良い。ただし，内部監査人が，上記の表現をすることが出来るのは，品質改善プログラムの評価によって，内部監査活動が**基準**を遵守していると証明された場合においてのみである。

・1340 – 不完全な遵守の開示

内部監査活動は**基準**を完全に遵守し，また，内部監査人は**倫理綱要**を完全に遵守しなければならないが，完全に遵守されない場合もありうる。基準を遵守しないことが，内部監査活動の全般的な監査範囲または業務に影響を与える場合，それは上級経営者および取締役会に明らかにしなければならない。

用語および内容の変更

新**基準**において生ずる用語の変更のひとつに，「内部監査活動」という用語を使用したことがある。この用語は，「内部監査部門」に代わって用いられたものである。内部監査部門という用語は，もはや多くの内部監査組織の構造を反映するものではない。加えて，現在，「内部監査ディレクター」に代えて，「CAE」という用語が用いられている。

GTFにより，明瞭化が必要とされた論点のひとつが，独立性概念であった。旧**基準**の個別**基準**100，110および120のエッセンスを取り入れつつも，独立性とは内部監査活動の属性であり，客観性は個々の内部監査人の属性であるという概念を明らかにする用語法に変更された。IASB（内部監査基準審議会）はまた，独立性または客観性のいずれかに対する侵害事例に対処する**基準**（1130）を追加した。

新**基準**は，内部監査活動のための品質保証および改善プログラムを確立するように要求する。このプログラムの目標は，内部監査活動が，組織体の業務に価値を付加し，かつ改善することを保証すること，および**基準**およびIIAの**倫理綱要**の遵守を保証することである。

内部監査活動の性質または業務の範囲は，**基準**2100で討議されており，それは旧**基準**の**基準**300からは大きく乖離している。**基準**2100では，内部監査活動は，価値を付加し，かつ組織体のリスク管理，コントロールおよびガバナンス・プロセスを評価し，かつ改善しなければならないと述べる，内部監査の新しい定義を反映している。**基準**2110では，内部監査活動は，(1)重大なリスクの兆候を明らかにしかつ評価し，そして(2)リスク管理およびコントロール・システムの改善に貢献

することで，組織体に役立たなければならないと述べる。**基準2120**では，内部監査活動は，組織体のコントロール・プロセスの有効性と能率性を評価しなければならないと述べる。**基準2130**では，ガバナンス・プロセスにおける内部監査活動の役割について説明する。内部監査人は，(1)価値とゴールが設定されかつ伝達され，(2)ゴールの達成がモニターされ，(3)アカウンタビリティが確保され，かつ(4)価値が保全されるプロセスを評価し，かつ改善することにより，組織体に役立たなければならない。

　基準2200から**2500**までは，旧**基準**のセクション**400**を受け継いでいる。ここでは，特定の監査業務を計画策定（**2200**，旧**410**に対応），実施（**2300**，旧**420**に対応），結果の伝達（**2400**，旧**430**），およびフォロ・アップ（**2500**）に細分する。このセクションにおいて，一部のガイドラインが基準レベルに格上げされている。また，全サービス領域に適用できるよう，用語が一般化されてきている。例えば，**2400**において，結果が適切に伝達されるのであれば，文書での報告は要求していない。保証サービスの指針は，おそらく，文書でのまたは公式の報告書を提案するであろうが，コンサルティング活動またはCSAにそれはあてはまらないであろう。新**基準**（**2430**）は，監査業務の一部が基準に準拠して行われない場合，特定の報告をするように要求している。

●品質評価プログラムの目的

　品質評価プログラムの目的は，次の３つに分かれる。

1．取締役会，上級経営者その他の利害関係者に対し保証およびコンサルティング・サービスを提供する上での，内部監査活動の有効性を評価する。

2．**基準**の遵守を評価し，内部監査活動が，全体として，基準すべてを遵守しているかどうかに関する意見を表明する。
3．CAEとそのスタッフに対し，その業績とサービスを改善し，かつ内部監査機能のイメージと信頼性を良くするために，改善のための機会を明らかにし，勧告を提供し，そして助言を提供する。

品質評価活動のフレームワーク

ビジネス指向の品質評価を実行するフレームワークは概念的で，その性質や境界を明らかにする厳格なパラメーターはない。これは，以下に述べる2つのパートからなる。

品質評価フレームワークの第一番目のパートは，組織体内のガバナンス・プロセスに関連する主要グループを含む。このプロセスに関連する4つの主要グループがある。

1．**監視**グループ。取締役会とそのさまざまな委員会（政府や非営利機関の場合には，法令等に基づくその他の監視グループ）からなる。監視グループに係わる品質評価の焦点は，このグループの役割および期待である。
2．**ステュワードシップ・グループ**。これは，執行役員である。このグループは，（取締役会により配分された資源に関する）ステュワードシップと，組織体全体の業務の結果に対するアカウンタビリティの両面の役割を持つ。
3．**実施**グループ。業務および支援部署の管理者およびスタッフからなる。彼らの役割は，主として，執行役員により割り当てられた時間および資源の内で，予定されたコスト水準で，財貨およびサービスを引き渡すことである。

4．**保証**グループ。その役割は，組織体の有効性を高めるための助言および補助と同じく，上記3グループに，独立の客観的保証を提供することである。

以上の4グループの主な責任，目標および関係については，付章Ⅱでさらに詳しく討議する。

内部監査は，保証グループ内の機能のひとつとして認定される。内部監査は，その主な任務が以下にあるという点で，ガバナンス・プロセスに関与する他の3主要グループの要となる役割を果たす。(a) 組織体におけるコントロール・プロセスが，十分にデザインされ，有効に機能しているという保証を提供する。(b)場合によっては，取締役や管理者に，その業績を改善するための勧告および助言を提供する。

品質評価フレームワークの第二番目のパートは，内部監査活動の管理に関する構成要素に焦点をおく。これらの構成要素は，以下を含む。

1．組織体の活動をコントロールするポリシー・ステートメント。
2．内部監査活動の規程。これは，ポリシー・ステートメントに基づく。
3．監査実務のコントロール環境とCAEの影響力。
4．企業に価値を付加するための内部監査活動の能力。
5．内部監査活動が企業リスク管理，コントロール，およびガバナンス・プロセスに焦点をおいていること，および監査計画をより上位の企業目標と調整することの保証。
6．IIAが編集した関連性のある監査活動の成功例。

品質評価活動の範囲

　本マニュアルにおいて，品質評価レビューの範囲は，内部監査部門が**基準**と部門自身の規程，計画，方針および手続に適合しているかどうかを判断することよりも広い。ここでのアプローチは，実体のガバナンス・プロセスにおける内部監査活動の役割と関係，および内部監査実務および資源を管理するため採用されたプロセスを含むように範囲を拡張する。

　品質評価の範囲は，以下に示すプロフェッショナルな内部監査実務の中心要素を含む。

1. 監視グループ，執行役員，およびその他の業務および支援ユニットの「（内部監査活動の）顧客」である管理者により示された内部監査活動への期待。
2. 実体のコントロール環境およびCAEの監査実務環境。
3. 監査活動が企業に価値を付加することを保証するため，監査計画に，企業リスク評価，組織のコントロールズの評価，ガバナンス・プロセスの側面を含めることに焦点をおくこと。
4. 内部監査と組織体のガバナンス・プロセスとの統合。これには，ガバナンス・プロセスに関与する中心グループ相互間の相互関係およびコミュニケーション，および監査目標と計画を全体としての実体の経営戦略と調整することを含む。
5. **基準**——IIAによる内部コントロール目標の5カテゴリーを含む。
6. プロセスの改善と価値を付加する活動にスタッフが焦点をおくことを含む，スタッフ内での知識，経験および規律の交流。
7. 部門が用いるツールおよび技法——テクノロジーの活用を重視して。

これらの要素は非常にフレキシブルに適用され，本章で討議した他のすべてのガバナンスおよびマネジメント・コントロールの要素に留意する。最も重要な検討事項は，レビュー者が，その業務に独立性と客観性を保持しつつも，品質評価がCAE，上級経営者および取締役会の特定のニーズと要望に応ずるように仕立てられることを保証することである。

第2章
外部レビュー ビジネス指向品質評価

外部レビュープロセスの概要

　本マニュアルの第１章では，品質評価のビジネス指向アプローチの考え方について討議した。品質評価は，現在でも，**内部監査の専門職的実施の基準（基準）**に対する内部監査活動の適合性についての意見をもたらさなければならないが，内部監査活動の有効性を改善するために，監査プロセスやその他の方法をより高めてゆくための提案がより以上に強調されるようになっている。このアプローチでは，プロフェッションのベスト・プラクティスを取り入れ，監査人が検討すべき重要領域として，リスク管理，コントロール，およびガバナンス・プロセスを強調する。品質評価での勧告は，**改善の機会**に焦点をおき，内部監査活動の**価値を付加する**能力を高めるために提案される。

　CAE（内部監査担当役員）は，品質評価の特定の目標と同じく，その範囲の決定においても，品質評価プロセスに関与する。IIAの定める品質評価プロジェクト・マネジャーおよびチーム・メンバーは，CAEおよび（または）品質評価の要請者が設定した品質評価の範囲および目標に基づいて選任される。チーム・メンバーは，品質評価を実施するために，十分適任でなければならない。プロジェクト・マネジャーは，通常，CAE経験者である。他のチーム・メンバーは，マネジャー以上のレベルの実務家であるか，かつてそうだった者で，一部は，

適切な業界での経験等の有用なバックグラウンドを有する者でなければならない。このプロセスは、また、このアプローチにおいて、執行役員および監査委員会の期待が十分に考慮されることも保証しなければならない。

　外部品質評価においては、以下の基礎的目標を達成しなければならない。

1. 内部監査規程、取締役会（通常は、監査委員会のような監視機関が代表する）、執行役員およびCAEの期待に照らして、内部監査活動の能率性と有効性を評価する。組織体の将来の方向性およびゴールと同様、内部監査活動の現在のニーズおよび目標を検討する。内部監査活動が有効といえるレベルに達していない、またはいくつか**基準**に適合していないところがある場合、組織体に対するリスクを評価する。
2. 経営者および監査委員会に付加される価値を高め、CAEとスタッフの業績、内部監査活動の業績を改善するために、機会を明らかにし、アイデアを提案し、そして彼らと協議する。
3. **基準**の精神および内容に対する内部監査活動の適合性についての意見を提供する。

　対象である組織体のニーズを満たすため、上記の目標を修正できるし、他の目標を追加することもできる。内部監査の課題および実務についてのベンチマークの作成および業界比較を行わなければならない。**IIAの世界監査情報ネットワーク（GAIN）**、専門的論文、研究書、およびその他最近の指針のような情報源は、このための情報を提供できる。レビュー者の提案の受け入れは、合意された時点で現地を訪問する有資格のチーム・メンバーを捜すことから始まる。チームが選任された

第2章◆外部レビュー ビジネス指向品質評価

ならば，現地訪問に先立ち，組織体および内部監査活動についての情報を入手するため，自己調査の準備をしなければならない。

　プロバイダがとる以下の12ポイントのプロセスは，価値を付加するという経験に対象者が関与し，それに納得することを保証する。

1. 品質評価チームを選任し，(必要であれば) 訓練する。
2. 自己調査書をレビューする。
3. さらに情報を収集し，業務計画の詳細を詰め，内部監査活動の利害関係者およびスタッフとのインタビュー対象者を選択してスケジュールを組み，その他の現地訪問のための準備をするため，組織体への予備的訪問を行う。
4. 現地でのインタビューやドキュメンテーションの検査中の指針として，対象者およびスタッフの調査書および要約を活用する。
5. 現地訪問業務を実施する。これには，①管理方針および手続のレビュー，②監査計画策定における企業リスク，ガバナンスおよび監査リスク評価の検討，③監査およびコンサルティング・プロジェクトから一部を選択しての調書および報告書のレビュー，④スタッフの数とスキルおよびその継続的専門教育（CPE）に関するレビュー，および⑤情報技術領域における監査対象範囲に関する能力と十分性の評価が含まれる。
6. 取締役会（監査委員会），執行役員，業務管理者，および内部監査スタッフのメンバー中から選択した者に対してインタビューする。その際，組織上のリスクと目標，およびそれらに関して現在の価値を維持し，価値を付加する内部監査部門の能力に焦点をおく。
7. 内部監査活動には含まれないが，内部監査に類似する，他のモニタリング機能——評価，品質保証およびプロセス向上など——について検討する。独立監査人の業務と内部監査活動との調整につ

いてレビューし，かつ評価する。
8. 内部監査活動の**基準**および他の関連基準に対する適合性を評価する。
9. 現在実行中および近い将来に計画されている，品質/プロセス改善活動をレビューする。また，組織体の環境に照らして，適切なベスト・プラクティスも検討する。
10. 問題点および勧告の要約を示し，CAEおよび（または）その他の品質評価の要請者と最終意見交換会を開催する。
11. 報告書を起草し，勧告に対する対象者のコメントおよび回答を入手した上で，最終報告書を発行する。
12. フォロ・アップのための役員との会合を開催する。（任意）

　内部監査活動および組織体のニーズに適合するように，上記のポイントは状況に合うように組み立てられるであろうし，他のポイントが追加されることもあろう。

品質評価チーム

品質評価チームの選任と資格——基準1312は，品質評価が「組織体外部の，有資格で，独立のレビュー者または品質評価チームにより」実施されなければならないことを明らかにする。有資格者とは，レビュー対象である監査活動に照らして適切な技術的能力，実務経験および教育上のバックグラウンドを持つ者である。これには，組織体外部の内部監査人，外部コンサルタントまたは独立の外部監査人が含まれるが，できれば，組織体の財務諸表を監査する外部監査事務所ではない方がよい。「組織体外部の」とは，内部監査活動が関連する企業等の組織体の一部ではないこと，またはコントロール下に

はないことを意味する。

　以下は，外部品質評価チームが必要とする一般的資格と規準のリストである。品質評価業務の内容によっては，さらに特定の資格が必要となることもある。

客観性——外部品質評価チームは，監査委員会，執行役員およびCAEの期待，監査構造，および組織体および内部監査活動の方針および手続を，客観的に検討しなければならない。この品質評価における不偏性を確保するため，組織体と外部品質評価チームとの間に，直接または間接に，利害が対立するまたは対立すると見られる，何らかの関係があってはならない。こうした関係は，利害の対立（または対立の外観）を生み出すことがあり，それが品質評価の便益を著しく減殺しうるのであれば，回避されなければならない。

経験——外部品質評価チームは，少なくとも管理者レベルの担当者で構成されなければならない。チーム・リーダーは，レビュー対象である内部監査活動のCAEと比肩しうる経験を有さなければならない。各チーム・メンバーは，現在の内部監査実務および**基準**とその適用についての徹底的な理解，健全な判断力，および優れた伝達および分析上のスキルを有さなければならない。外部品質評価チームは，すべての必要な技術的専門知識（例えば，情報技術，リスク管理，内部監査の属性，マネジメント・コンサルティング，および内部監査管理）を有するか，またはこれらにアクセスする用意がなければならない。少なくとも一人のチーム・メンバーが，組織体の属する業界，サービスまたは内部監査活動に関する知識を持つことは，依頼者が評価すべき重要な検討事項である。

品質評価チームの規模——外部品質評価チームが必要とする時間数は，

内部監査活動および組織体の業務，目標，規模，場所，および構造の程度による。一般に，幅広い見通しを提供し，かつ合理的期間内に品質評価を完了するには，少なくとも2名のチーム・メンバーが必要である。

自己調査書（ツール2）

自己調査書は，CAEにより，またはCAEの指示の下で記入されるべき，添付資料付の包括的質問書であり，予備的訪問よりも前の時点（通常，現地訪問の2～3週間前）でプロジェクト・マネジャーに提供される。その回答は，対象である組織体と内部監査スタッフについて，特定の情報を提供する。チームは，現地での作業に先立ってこの情報をレビューすることにより，現地における任務の準備をする。このツールを活用して，チームは，監査機能についての改善機会の可能性と同じく，潜在的長所を明らかにできることが多い。

品質評価のための自己調査書（ツール2）は，以下を含む。

1．組織図，関連のポリシー・ステートメント，財務諸表等のようなドキュメント。
2．内部監査活動についての情報および統計的データ。
3．内部監査活動（目標，監査範囲，担当者等）についての討議。
4．プロジェクト・マネジャーが関連性があると考えるその他の関係データ。

自己調査書は複雑であり，かつ要請される詳細な情報の量は多いので，予備的会合の前にそのすべてを完了することは難しいかもしれない。プロジェクト・マネジャーは，最低限，監査委員会（または取締

役会のこれに類する監視機関)，上級執行役員，および上級中間スタッフおよび業務管理者を含む，組織体全体の詳細な組織図の提供を受けなければならない。内部監査活動の組織図，現在の監査およびコンサルティング・スケジュール，および最近12ヶ月以内に完了した監査およびコンサルティング業務の一覧表も必要である。これらは，品質評価のためのインタビュー対象者および監査成果物を選択するために用いられるであろう。選択された者の名前と監査成果物の名称は，予備的訪問時に，CAEに伝えられるであろう。これにより，CAEは，現地訪問に先立ち，インタビューのスケジュールを組み，書類または自動化された形で，監査成果物のドキュメンテーションを利用できるようにする。インタビューは，組織体の上級役員や上級中間管理者に対して行うはずなので，できるだけ早くスケジュールを組むことが重要である。

自己調査書の残りの項目も，現地でのレビューでは利用できなければならない――それ以前には利用できないとしても。

予備的訪問

プロジェクト・マネージャーは，以下の目的で，予備的訪問をするか，CAEに電話をかけなければならない。

1．目標および特殊なニーズに関するこれまでの討議を確認する。
2．調査を受ける前年の，監査対象者を明らかにする。
3．スタッフ数の多い活動については，スタッフ調査を行うため，討議し，かつ取り決めをする。
4．自己調査書の全体，または少なくともインタビューのスケジュールを組むために必要な情報およびレビュー対象とする監査成果物

を選択するために必要な情報を受け取り，かつ討議する。
5．インタビューの対象とする候補者を選択する。通常，監査委員会（または取締役会の他の監視機関），CEO，社長またはそれに相当する者，執行役員の中から選択された者，プロジェクト・マネジャーおよびCAEが決定した他の業務管理者，および外部監査事務所の当該監査担当パートナー（無理であれば，担当マネジャー）である。
6．管理上の詳細を取り決める。
7．予備的訪問の簡潔な要約を作成する。要約には，後で注目する項目，および組織体および内部監査活動に関する印象を含む。

「準備および計画策定プログラム」（ツール1）は，プロジェクト・マネジャーのための指針を提供する。

監査対象者調査，スタッフ調査，および要約

調査は，内部監査活動の有効性および改善の機会の可能性に関する優れたフィードバックを提供できる。監査対象者の調査は，現地訪問よりも先でなければならない。調査書への回答を促すため，調査対象者とレビュー・チームが直接に接触する手段として，電子メール等のオン・ライン技法を用いることができる。ともかく，調査は，チームが現地に行く前に，調査書の回答を完了し，返送し，そして分析するために，十分早い時期に行わなければならない。この段階の中で，以下の項目を検討しなければならない。

外部品質評価用の調査書――外部評価のための「監査／コンサルティング対象者調査書」（ツール4）は，完全に匿名であることを保証す

る。それゆえ,外部で管理される調査であることの利点を完全に生かさなければならない。CAEは,この調査書を拡張し,ツール4で説明されるもの以外の領域を追加して組み込みたいと考えるかもしれない。しかし,IIAが蓄積してきた調査データベースにおける対象者のデータを活用し,正当な比較をするために,ツール4の基礎的設問は,そのまま保持されなければならない。

調査書作成の原則——正当な調査の主な構成要素は,匿名性,読者の理解,および代表サンプルである。外部調査書を作成する上で,監査対象者の回答の秘密性が保たれることを彼らに保証するため,あらゆる努力をしなければならない。これは,調査対象者とレビュー担当グループとの間の電子メール等のオン・ラインでの接触を通して高められるであろう。(ある種の状況下で,匿名性ルールについて,いくらか変更があるであろう。)ある組織体が,十分な回答者数がある機能または業務地域から構成される場合には,回答を,各機能または業務地域別にコード化することが役に立つであろう。この方法により,回答者の匿名性を保持しつつ,各機能または地域に特有の長所または短所を明らかにし,容易に対処することができる。回答者には,コードとその利用方法について通知しなければならない。この通知は,回答者宛のCAEによるカバーレターまたは電子メールを通してなされる。

　調査書の設問が,読者の理解を最大にするために明瞭になるように,そして回答が明瞭,簡潔かつ評価しやすい形式で要請されるように,用語に注意を払わなければならない。誤解は不正確な回答をもたらし,調査書の正当性を減殺する。

　外部対象者調査書を作成する上で,(もし行われているのであれば)

内部監査活動の定期的対象者満足度調査——内部レビュー中，または各監査またはコンサルティング業務後に用いられる調査書のような——の設問および結果のレビューは，役立つであろう。以前に明らかにされた弱点領域に何らかの改善があったかどうかを判断するため，特定の設問を作成することができる。

調査書およびインタビュー——大規模で地理的に分散した監査対象者から見解を得るための，比較的迅速で安価な方法は，調査書を活用することである。対して，個人的インタビューは，取締役会（監査委員会），執行役員，監査スタッフ，または特殊な状況において，十分に機能する。調査書は，情報を収集するより客観的な方法であるのに対し，インタビューは，質問を示し，回答を記録する上で，個人的偏向が介在することもある。

調査書の回答を評価するための規準——調査は，レビュー者により要約され，適切にウエイト付けされる。また，自由記入式の設問に対する回答，および回答者によるその他のコメントは，匿名性に留意しつつ，そのまま提供される。業務地域，監査期間，監査の種類，および回答者の管理上のレベルにより，回答を階層化することも有益であろう。

　CAEは，調査結果の要約を受け取る。この要約は，一般に，設問に対する統計的結果，および対象者が提供したコメントのエッセンスを示す。おそらく，外部評価チームは，CAEからのコメントとあわせて，調査情報が，好ましいレイティングまたは趨勢を示すのか，好ましくないレイティングまたは趨勢を示すのかを解釈する必要があろう。この点に関し，かつての対象者に関する総合的なデータベースとの歴史的な比較により，注目に値するまたは改善の可能性を

示す重要な趨勢が示されるであろう。CAEは，積極的に評価できる結果を強調し，改善の必要な領域を明らかにするため，内部監査スタッフとの訓練期間中に，この情報を積極的に活用すべきである。

監査対象者調査の要約――対象者調査は，内部監査活動および対象者との関係に，ユニークな洞察を提供する。外部評価のための調査書を作成する上で，以下のガイドラインを用いなければならない。

1. 調査プロセス（回答期限，結果の活用，回答者にとっての利点）を説明する。
2. 回答者の匿名性を保証する。
3. 質問書を簡潔にする。
4. 中心領域に焦点をおく。
5. 各設問では，一項目のみを評価するようにする。
6. 客観的用語法を用いる。
7. 明確に理解できるレイティング・スケールを用いる。
8. 監査対象者の代表サンプルを選択する。その際，それぞれが等しい選択機会を持つことを保証するか，または最近の一定期間内，すなわち過去12ヶ月内に対象とした各対象者に調査書を送付する。
9. 一般的な地域別に監査対象者の回答をコード化する。

内部監査スタッフの調査――一般に，内部監査スタッフへのインタビューは，現地訪問中に行われる。すべてではないにせよ，大部分のスタッフにインタビューすることが望ましいのであるが，これは大規模な内部監査活動では，実際には困難である。その場合，郵送または電子メールによる全スタッフの調査を検討する。なお，この方法をとる場合，内部監査活動の担当者から一部を選択しての，フォ

ロ・アップ・インタビューを実施してもよい。この調査方法は，大規模および（または）地理的に分散したスタッフから情報を入手するための能率的手段である。調査に対する回答は，回答者から，レビュー担当グループに直接送付され，要約される。（「書簡例──内部監査スタッフ調査書」（ツール5）は，提示されるトピックおよび設問を提供している。）

CAEは，調査結果の要約を受け取る。この要約は，一般に，設問に対する統計的結果，および対象者が提供したコメントのエッセンスを示す。CAEは，積極的に評価できる結果を強調し，注目する必要のあるような領域に対処するため，内部監査スタッフとの訓練期間中に，この情報を積極的に活用すべきである。

現地での手続

現地での業務は，品質評価におけるもっとも包括的な要素である。上述したインタビューに加えて，この業務は，以下に関するレビューを含む：内部監査活動の監査およびコンサルティング業務，報告書および裏付けとなる文書：管理上および業務上の方針，実務，手続，および記録：特に情報技術領域におけるスタッフの知識とスキル：リスク評価，コントロールズのモニタリング，ガバナンス関係者との相互関係，ベスト・プラクティス，および継続的関係に関するその他の証拠。また，品質評価チームは，内部監査活動が目標に適合し，価値を付加する程度を評価するため，経営者および取締役会（監査委員会）への報告書および彼らとのコミュニケーションについてレビューする。この時点で，品質評価チームのプロフェッショナルな判断に基づいて，結論に到達し，評価をなすために，すべての情報を集める。現地での業務は，通常，品質評価業務の範囲と目標，および内部監査活動の規

模，地理的分散および構造に応じて，1～2週間の期間である。第6章では，詳細なプログラムの指針を提供する。そこでは，以下に関する指針が含まれている。

1．計画策定および準備
2．取締役会（監査委員会）による監視
3．執行役員および執行管理者インタビュー
4．内部監査規程をコントロールするポリシー・ステートメント
5．監査実務環境
6．計画策定，組織構築，スタッフ配置，指揮および調整，およびコントロール実施の機能
7．評価意見規準として**基準**を用いての，問題点と評価
8．最終意見交換会および報告

　現地訪問プロセスは，チームが経験を蓄積するプロセスである。それゆえ，プロフェッションの現在の考え方を反映する実践的提案を提供するため，チームで幾度も討議し，情報を評価する。

取締役会，執行役員，業務管理者および内部監査スタッフから選択してのインタビュー

　取締役会メンバーとのインタビューは，監査委員会（または内部監査活動監視の責務を負う他の機関）の委員長および他のメンバーを含むであろう。執行役員とのインタビューは，最上級の役員，CAEが直接に報告するうち最上級の役員，および通常は役員および業務管理者から選択された者を含む。これらの対象者インタビューでは，監査およびコンサルティング業務の価値，監査等の受け手の期待，監査スタッフのプロフェッショナリズム，および内部監査活動（場合によっては他のモニタリング機能）を改善する領域についての見解を引き出す。

インタビューでは，また，リスク管理，組織のコントロールズとアカウンタビリティの有効性，および他の全般的な管理領域——厳密には，品質評価の範囲内ではないが，品質評価報告書に記載する問題点がある可能性のある領域——についての見解も引き出す。

これらのインタビューは，現地訪問の開始時に行う方がよいのであるが，忙しい執行役員のスケジュールにあわせるため，訪問を通して継続されるであろう。内部監査活動のスタッフとのインタビューもまた，訪問段階で行われる。これらのインタビューには，さまざまなレベルおよび地域の，内部監査活動を代表するランダムに選択したスタッフ，および(または)調査書の回答において特にインタビューを受けたいと要請したスタッフが含まれるであろう。特に，スタッフが大人数である場合には，フォーカス・グループの使用ということも検討する。

内部監査活動の評価

品質評価の最も重要な側面は，現在のベスト・プラクティスの活用および継続的改善プログラムの範囲に沿った，内部監査活動の**基準**および規程に対する適合性に関する品質評価チームによる評価である。これらの評価は，また，改善の機会を明らかにするであろう。これは，チームによる調査の分析，インタビュー，およびドキュメンテーションによる品質評価を蓄積した結果である。場合によっては，品質評価チームの経験豊富な実務家は，CAEに，**基準**適合性をより高め，対象者のために価値を付加し，そして全般的に組織体における積極的な変化を促す触媒であるための，内部監査活動方法について勧告するであろう。最後に，チームは，内部監査活動が**基準**に適合するかどうかに関する意見を提供するために，プロフェッショナルな判断を行使するであろう。

問題点，勧告，および最終意見交換会の要約

　これらの事項は，CAEの注意を引くようにしなければならない。というのは，これらは，品質評価を通して浮かび上がった事項であり，これらに関する適切な討議を非公式に行うべきだからである。最終意見交換会は，品質評価チームおよびCAEの見解を要約し，かつ公式化する機会とみなされなければならない。

　品質評価チームの評価プロセスでは，ベスト・プラクティスおよび注意を要する問題点を強調する。最終意見交換会出席者のために，ベスト・プラクティス，観察，および勧告の文書による要約を作成することが望ましい。この文書による要約は，プロジェクト・マネジャーおよびチーム・メンバーに，最終意見交換会のフレームワークを提供する。

　CAEは，プロジェクト・マネジャーの助言を受けて，最終意見交換会の出席者を決定する。個々の観察事項については，品質評価中に，監査管理者と討議してきたはずなので，最終意見交換会では，驚かせるような発言があってはならない。交換会は，重大な問題点，結論および勧告に関する，秩序正しい討議でなければならない。交換会はまた，CAEに，観察や勧告についてコメントする機会を与える。

　一部のCAEは，最初の報告書として最終意見交換会を用い，この文書による要約を取締役会(監査委員会)および(または)上級役員に配布する。最終品質評価報告書に，最終意見交換会で提示または討議されなかった結論または勧告を記載しないようにすることは重要である。

報　告

　最終意見交換会後，報告書草案を作成する（ツール20および20－A，参照）。プロジェクト・マネジャーが草案を完成した後，品質評価チームに送付して，コメントを求める。コメントに検討を加え，場合によっては，CAEへ送付する報告書草案に組み込む。CAEは，勧告に回答し，行動計画を示すように求められる。次に，CAEは，最終報告書における勧告に従う行動計画を選択するか，または勧告を取り除き，観察に従う行動計画のみを採るかを選択するであろう。

　CAEの回答または行動計画を添付した最終報告書は，通常，CAE宛である。品質評価開始前の合意に沿って，取締役会の代表者（監査委員会または他の取締役会の内部監査監視機関の長），およびCAEが報告する役員に配布するためのコピーも含める。CAEの要請によっては，さらにコピーを配布する。CAE以外の者（例えば，監査委員会）が品質評価を要請した場合には，報告書の宛先はそれに対応して変化するであろう。

フォロ・アップのための役員との会議

　品質評価の最終的ベネフィットとして（任意であるが），内部監査活動は，結果および勧告をフォロ・アップするため，役員との会議の予定をくむことができる。CAE（または品質評価の承認権者である者）の裁量で，監査委員会および（または）執行役員に品質評価結果を報告する手配をすることができる。その利点は，客観的源泉として，内部監査の価値を強化し，提案された改善を促進することである。これらの会合が，通常，内部監査およびCAEに関する認識を改善すること

が，経験上示されている。

　加えて，レビュー者は，引き続き，コンサルティング・サービスを提供するかもしれない。これらのサービスでは，現在および最先端の成功事例に基づいて，内部監査活動向上のため，集中的な対象特定型の助言を提供する。これらのサービスについて，場合によっては，品質評価中または品質評価終了時に，討議することができる。

第3章
独立の正当化を伴う自己評価

全般的検討事項

　第2章で概説した独立の品質評価は，「**基準1312－外部評価**」の要件を遵守するための最適の手段であり，内部監査活動のために，最高レベルの品質保証，ベスト・プラクティスのためのベンチマークの設定，および信用を達成する。完全な外部レビューは，内部監査活動のために最大のベネフィットをもたらし，内部監査活動の品質プログラムに含まれるべきなのであるが，独立の正当化を伴う自己評価は，「**基準1312**」遵守のためのそれに代わる手段を提供する。

　経済性または実践可能性といった理由のために，CAEは，独立のレビュー者またはレビュー・チームによる完全な外部評価を受けることを遅らせる必要があるかもしれない。こうした必要性を認識し，外部評価プロセスをより広く内部監査活動に拡張する手段として，IIAは，「**基準1312**」を遵守するために「独立の正当化を伴う自己評価」と呼ばれる，より狭い範囲に焦点をおいた代替案を提供した。本章では，この代替案を適用するプロセスを説明する。

　この代替的プロセスは，組織体がその使命を達成していることを保証するという内部監査への基礎的期待に焦点をおこうとするものであり，内部監査が基準を遵守していると述べることができるものである。

結果として，この代替案の下では，ベスト・プラクティス，ガバナンス，コンサルティング・サービス，および先進的テクノロジーの活用に関する深い分析は，短縮されるであろう。最後に，必要な時間数とベネフィットは，内部の担当者を用いることから生ずるであろう限界——すなわち，外部チームは，この評価にさまざまな経験をもたらし，広くさまざまな技法およびプロセスに関する幅広い討議を提供する——ゆえに，減少するであろう。

独立の正当化を伴う自己評価の主な特徴は，独立のレビュー者またはレビュー・チームによる場合と類似しており，以下を含んでいる。

・この自己評価は，第2章で述べたものと類似する品質評価プロセスをとるが，CAEの下で，内部の適格な監査プロフェッショナルにより実施される。内部監査活動の方針，実務および基準の適用に関し広い知識があるので，このレビューを実施するため内部チームが必要とする時間数は，外部レビューと比較すれば，少ない。これは，自己調査書（ツール2，付録A，参照）の一部を省略することでさらに少なくできる。

・自己評価は，上記パラグラフで述べた情報収集およびレビュー・プロセスの一部修正の可能性に留意しつつ，十分にドキュメント化されなければならない。外部品質評価と同様，これは，内部監査活動の**基準**，内部監査規程，およびその他の関連基準に対する適合性に関する（自己評価チームおよびCAEによる）結論，および改善勧告とその実行のための計画をもたらす。

・自己評価結果に関する報告書は，独立評価者によるレビュー（次の2項目を参照）の後に，取締役会（監査委員会または内部監査

活動の監視をする他の機関）および上級経営者に対するプレゼンテーションのために，起草されなければならない。

・有資格かつ独立の評価者が，監査委員会委員長または他の適切な取締役会メンバーおよび数名の中心的な上級役員へのインタビューを行い，自己評価，および取締役会および上級経営者に対する報告書草案に関する限定的テストを実施する。これは，結果を正当化し，評価者のコメントおよび，必要な場合には，勧告を追加するための基礎として役立てるためである。

・評価者は，自己評価プロセスの十分性および内部監査活動の**基準**への適合性に関して示されたレベルに関する意見を表明する。評価者のコメントは，取締役会および上級経営者に提供される報告書に記載されるかまたは添付される。

内部監査活動は，規模，権限および責任の性質，業務の範囲，スタッフのスキル，その他の面において非常に多様なので，自己評価プログラムは，柔軟性に富み，これらのさまざまな状態に適応しなければならない。これは，第２章で説明した外部品質評価にあてはまる柔軟性に似ている。――自己評価の焦点が，**基準**への適合性のみを対象とすることにより，狭くなる可能性はあるが。本章で説明する主なステップは，大部分の場合に必要とされ，自己評価プログラムおよび自己評価プログラムのデザインを計画策定するための出発点を表す。

計画策定および準備

CAEは，自己評価を実施するため（またはチームを指揮するため），マネジャー・レベルの，または経験豊富な，上級監査プロフェッショ

ナルを任命しなければならない。その人物は，内部監査活動に属するか，または現在は組織体内の他の部署で働いているが，かつて内部監査をした経験のある者であろう。この自己評価のためのプロジェクトのスタッフ配置および報告は，信用性と客観性とを保証するように，組み立てられなければならない。レビューを一人で行うか，数名が行うかは，組織体の規模と業務の範囲による。計画策定の覚え書きにおけるこのプロセスの範囲，目標およびドキュメンテーションを含め，プロジェクトの計画策定およびスケジュール作成は，正規の監査およびコンサルティング業務の場合と類似している。なお，ツール1，付録A，外部評価のための準備および計画策定プロジェクトも参照すること。

計画策定プロセスの一部として，CAEおよび自己評価を実施するために任命された者またはチームは，「**基準**適合性」が意味することに関するすべての側面を承知していることを保証するため，ツール19，**基準遵守性評価サマリー**をレビューしなければならない。

計画策定および準備プロセスの初期段階で，有資格かつ独立の評価者と，自己評価の正当化段階を実施するため契約し，スケジュールを組んでおかなければならない。独立の評価者の資格は，第2章の，「品質評価チーム」のパートにおいて述べた資格と一致する。CAEは，独立の評価者が，外部品質評価の全般的性質と範囲，および自己評価の正当化プロセスに伴う特定の責任（その範囲に課された限界と同様）をともに理解していることを保証しなければならない。

正当化担当者は，できればその適格性を証明する証明書（IIAのような機関が提供するような）を有し，外部品質評価レビューの実施について特殊な訓練または経験を経た者でなければならない。CAEは，正

当化作業の事業計画――すなわち，報酬の支払いや経費の返済のような管理上の事項と同じく，現地訪問前に行われる作業の量，現地訪問期間の長さ，正当化報告書の形式と内容――についても，独立の評価者と合意しなければならない。

　計画策定および準備段階で，自己評価プロジェクト・リーダーまたはチームが対処しなければならない課題は，以下の通り。

・自己調査書（ツール２，付録A）およびCAE質問書（ツール３，付録A）の関連部分を作成する。その際，全体を考慮するが，自己評価チームの範囲および他の要件に照らして，必要と思われるもののみを完成する。関連する添付資料および参照ドキュメント（添付されてはいないが，レビューのため利用できるもの）――例えば，組織図，規程，ポリシー・マニュアル，リスク評価モデルおよび監査計画，監査計画達成に関する分析，および内部監査活動のスタッフについての情報――を，完全かつ最近のものであることを確かめるため，レビューしなければならない。上述したように，自己調査プロセスおよび詳細な添付資料は，自己評価チームおよび独立評価者のニーズに適するように減少することができるであろう。

・監査／コンサルティング対象者満足度調査書および内部監査スタッフ調査書（ツール４および５，付録A）または組織体が用いたこれに類する調査ツールを，内部監査活動のスタッフ全員（または，20名以上であれば，代表サンプル）および内部監査活動の対象者／利害関係者（上級経営者，業務管理者，適切な取締役会メンバー，および内部監査活動による貢献を受ける他の者）の代表サンプルに送付することを検討する。このステップは，類似の調

査が内部監査活動により行われており，かつ最近の関連する調査が利用可能である程度によって，縮小または省略できる。調査書の受け手の匿名性を保護するように，送付先名簿および回答を組み立てる。

・後に，インタビューを効果的に行う上で活用するため，コメントを含む調査書への回答を要約し，分析する。内部監査の有効性，潜在的な改善の機会，重要な趨勢またはパターン，後にフィードバックまたはその他の伝達をすることが有益である可能性を持つ事項，解決の必要な問題，改善提案等々の指標を引き出す。より詳しくは，第2章の「監査対象者調査，スタッフ調査，および要約」のセクションを参照。

・業務計画策定，調書，監督，結果および伝達をレビューするため，監査およびコンサルティング業務の代表サンプル（内部監査活動が実施したサービスの種類を通してさまざまな業務を含み，かつ広範囲の内部監査活動のスタッフを含むように配慮する。）を選択する。実施およびフォロ・アップの十分性と適時性の検討を含むレビューのため，さらにいくつかの報告書を選択する。

利害関係者およびスタッフとのインタビュー
（任意――50ページの「自己評価の独立正当化」参照）

内部監査活動が，監査後の調査および（または）定期的会合を通して，その対象者から十分なフィードバックを受けているのであれば，それ以上のインタビューは，必要でないかまたは縮小できるであろう。それらはまた，正当化担当者がこうした人々にインタビューを計画している範囲についても減少できる（以下を参照）。同じ人が両者によるコンタクトを受けることのないように，インタビュー・プロセスを正

当化担当者と調整しなければならない。しかしながら，利害関係者からさらに公式の情報を得ることが価値のあることと考えられるのであれば，取締役会，上級経営者，外部監査事務所の経営者から選択したメンバーとのインタビュー，および内部監査活動が最近行った監査／コンサルティングの対象者の代表サンプルとのインタビューのスケジュールを組む。また，内部監査活動のスタッフ（必要であれば，代表サンプルではなく，全員）とのインタビューのスケジュールを組むことも考慮する。

関連するインタビュー・チェックリストを，調査の分析から生じた疑問，および組織体の性質，内部監査活動の責任と業務の範囲，その他の関連要因による訂正を加えて修正のうえ用いて，インタビューを実施する。

・監査委員会委員長および（または）他の取締役会メンバーから選択した者──ツール6
・CAEが報告する役員──ツール7
・対象者／利害関係者（上級経営者および業務管理者）から選択した者：一部は，調査書を送付した者を含む──ツール8
・外部監査事務所のパートナー（または他の適切な役員）──ツール11
・内部監査活動のスタッフ全員または選択された者──ツール10

インタビューの回答を要約し，分析する。調査書の回答に関して先に討議したように，改善のための機会，その他の項目を抽出する。これらの結果を，調査書からの結果，および内部監査活動の対象者との関係についてのデータ（例えば，以前の対象者満足度調査および定期的な計画策定時の会合）およびスタッフとの関係についてのデータ

(例えば,業績評価およびキャリア開発セッション)と比較する。

自己評価「フィールドワーク」

　自己評価に適用されるレビュー・プログラム・セグメントは,本質的に,外部品質評価のために用いられるものと同一である。これらのプログラム・セグメントについては,第2章で簡潔に,第6章でより詳しく討議される。CAEおよび自己評価プロジェクト・リーダーは,適用するさまざまなプログラム・セグメントをレビューし,必要な場合には,修正しなければならない。また,レビューするファイルその他の項目が,完全であるかを判断しなければならない。

　プロジェクト・リーダー(およびチーム・メンバー)は,以下の内部監査活動領域を評価する上で,適用できるプログラム・ステップを実施しなければならない。(これらの領域におけるチーム・メンバーの知識および過去の業務に基づいて,適切な場合には,縮小される。)

・部門の構造と組織,ツール12――内部監査活動の,規程,ミッション・ステートメント,ゴールおよびこれらに類するドキュメントの実施に関する有効性を判断するために。また,同様に,この機能を管理するための組織構造,ポリシー・マニュアルおよびプロセスを評価するために。

・リスク評価および業務計画策定,ツール13――内部監査活動が,組織体の企業リスク領域,ガバナンス・プロセス,マネジメント・コントロール,意思決定支援情報,およびアカウンタビリティ・メカニズムと一貫している程度を判断するために。また,内部監査活動が,資源の最適利用を行うため,計画策定プロセスを

有効に活用する程度を判断するために。

・スタッフ配置のスキルおよび経験，ツール14——内部監査活動の人的資源管理に関する，出身，人数，スキルの組み合わせ，継続的専門教育，スタッフとのコミュニケーション，権限付与およびマネジメント育成の実践，その他の要素の評価。

・情報技術レビュー，ツール15——組織体のテクノロジーの管理およびこうした重要な機能を対象とするために内部監査活動が持つ能力の十分性に関する特別な検討。また，内部監査活動が，近年，組織体における情報技術領域を対象とした範囲のレビュー。（次の項目で説明する全般的評価の一部として，あるいは独立の情報技術レビューの一部として——選択したIT監査業務をレビューするため，ツール17の関係部分を用いる。）

・内部監査活動の生産性および価値の付加についての評価，および個々の業務および報告書についてのレビュー，ツール16および17——個々の業務における計画策定，コントロール，監督，および資源利用の適切性：監査およびコンサルティング・サービスのドキュメンテーションの十分性：監査およびコンサルティング・コミュニケーションの形式，内容および有効性：実行のフォロ・アップ，を評価するため。

自己評価結果，勧告，および実行計画

自己評価プロジェクト・リーダーは，内部監査活動のプロセス改善および対象者との関係をより強化する機会を強調した，主要な結果／発見事項を含む，要約レビュー・メモランダムを作成しなければなら

ない（ツール20および20－B，参照）。加えて，プロジェクト・リーダーは，（他のチーム・メンバーとともに）評価要約（ツール19）を作成し，内部監査活動の**基準**（個々の**基準**および**基準**全体の両方）適合性に関する結論を出さなければならない。

上述の情報に基づいて，プロジェクト・リーダーは，CAEと協議して，内部監査活動の有効性を改善するために指摘された機会を実行するための行動計画を含む，自己評価の報告書草案を作成しなければならない。草案には，自己評価により明らかにされてきた，組織体の構造およびプロセスをより高めるための機会があるならば，含まれるであろう。この報告書は，独立の評価者によるレビューを受け，（**基準**適合性に関するコメントを含む）評価者のコメントを記載した後，上級経営者および取締役会（監査委員会またはその他の適切な監視機関）に送付されなければならない。

自己評価の独立正当化

先に指摘したように，独立正当化の事業計画は，プロジェクトの計画策定および準備段階中に取り決められなければならない。これらの取り決めに準拠して，CAEは，正当化担当者／正当化チームに，現地訪問前にレビューできるように自己調査書その他の資料を送付し，現地訪問——通常の場合，2ないし3日を要する——の準備をする。

独立の正当化担当者の業務プログラムに関する主要要素を以下に要約する。

・自己調査書その他の前もって渡された資料をレビューし，現地訪問中にフォロ・アップする項目，ベスト・プラクティスとなり得

ると考える事項（これが独立の正当化の範囲内であると仮定して），およびその他の改善の機会に関する記録を作る。

・現地で，自己調査のドキュメンテーションをレビューする。その際，さまざまなプログラム・セグメントおよび結果についての覚え書き，改善の機会に関する結論，およびその他の行動項目に特に留意する。ソース・ドキュメント（監査およびコンサルティング・プロジェクトの調書，および監査計画策定ドキュメントのような資料），自己評価業務，および提出された情報の正当性を参照して，限定的テストを実施する。基準に対する適合性に関する評価要約をレビューし，自己評価プロジェクト・リーダーおよびCAEと結論の根拠について討議する。自己評価の結果についての，CAEによる取締役会および上級経営者への報告書の草案をレビューする。

・実行できる範囲で，CEOまたはその他の組織体の長，CAEが報告を行う役員，監査委員会またはその他の適切な取締役会メンバー，そして，おそらく内部監査活動の対象者／利害関係者から1，2名，に対し簡単なインタビューを行う。これらのインタビューの目的は，内部監査活動の有効性および信用，その権限および範囲の適切性，改善の機会，およびその他のこうした事項に関して（この独立評価の範囲に照らして，適切な程度で），独立の指標を得ることでなければならない。これらのインタビューにより，最高レベルでの監視と管理からの直接的情報を得るのであるから，インタビューは独立の正当化担当者により行われなければならない。これは，正当化担当者が，効果を弱められない形で情報を受け取ったことを保証するための，チェック・アンド・バランスを提供する。これは，正当化担当者に，調査結果と自己評価報告書

と対比するための独立の情報を提供するのである。正当化担当者は，先のセクションで，「インタビュー…」について述べたものと同じ指針（ツール6～11，付録B）を用いる。

・自己評価チーム・リーダーおよびCAEとの最終意見交換会の基礎として役立つ覚え書きを作成する。後に，公式の正当化報告書に変換される覚え書きは，実施した正当化手続および自己評価と独立の正当化により論証された，基準適合性レベルに関する結論を含む，結果の要約でなければならない。また，それは，CAEが作成した報告書草案にまだ含まれていない改善の機会およびその他の行動項目勧告を，概説しなければならない。独立の正当化担当者による報告書を添付したCAEの報告書は，上級経営者および取締役会に送付されるであろう。

独立の評価者およびCAEが適切と考えるならば，内部監査活動を変化させる計画および全体としての組織体に適用できる項目について討議する，フォロ・アップのための訪問のスケジュールを組むことができる。この訪問は，上級経営者および（または）取締役会の代表者との会合に評価者が出席することを含む。全体としての組織体に適用できる項目には，企業リスク管理およびガバナンス・プロセス，テクノロジーの管理，および内部監査活動の有効性向上に関連するマネジメント・コントロールとアカウンタビリティに関するその他の領域が含まれる。

第4章

内部評価

概　要

　内部評価は，内部監査活動の全体的品質保証および改善プログラムにおける重要な要素である。有効な同時進行的内部および外部評価を開発し，実行することにより，内部監査活動は，品質プログラムをモニターし，かつ評価するための基礎を得る。品質プログラムの目的は，内部監査活動の業務が，**内部監査の専門職的実施の基準（基準），倫理綱要**，内部監査活動の規程，およびその他の適用しうる基準に適合するという合理的保証を提供することである。合理的保証は，次のような関係を持つ可能性のある者に役立つ：CAE（内部監査担当役員），上級経営者，外部監査人，取締役会，規制機関（**実践要綱1310－1**，より）。

　内部監査活動の業績を評価する上で考慮しなければならない，その他の適用しうる基準の例としては，以下がある。

・内部監査活動の目標，ポリシー，および手続。
・組織体の企業リスク管理，ガバナンス，およびコントロール・プロセス。
・関連性のある法律および規則。
・政府，業界またはその他の関連する基準。

その他の業績の要素および測定規準となり得るものには，以下がある。

・リスク領域および全体的リスク評価／計画策定プロセスを明らかにするための内部監査活動の方法。
・業務計画策定ドキュメント。特に，上級経営者および取締役会に提出されたもの。
・組織体の計画，職務記述書，業務内容書，および内部監査活動のプロフェッショナルとしての教育啓発計画。
・継続的改善活動およびベスト・プラクティスの採用。

基準で概説されているように，内部評価は，以下を含まなければならない。

1．内部監査活動の同時進行的レビュー。
2．自己評価を通して，または内部監査実務および基準に関する知識を持つ組織体内の他の人々により実施される，定期的レビュー。

上述した内部監査活動の同時進行的レビューは，一般に，内部監査活動の品質プログラムの中における監督の要素に関連する。内部監査活動における監督の品質，レベルおよび深度は，監督の動的で，相当程度に無形である性質ゆえに，評価の困難な要素である。しかし，十分な監督は，品質保証プログラムのもっとも基本的な要素であり，内部および外部評価を構築するための基礎となる（**実践要綱1311－1**，より）。監督の性質と責任は，**基準**セクション2340およびこれに関連する指針で説明される。

第4章の中心的テーマは，主に，上記の第2点目（自己評価等を通

して実施される定期的レビュー）に焦点をおく。本章の目的に照らして，「内部評価」という用語は，特に指摘しない限り，上記第２点目で概説された内部監査活動のことを指す。

公式の内部評価を実施する意思決定

　公式の内部評価は，定期的に（すなわち，正規の同時進行的内部監査活動プログラムの一部として）実施されなければならない。CAEは，通常，内部評価についての意思決定を行うであろう。内部評価は，以下の目標に関する検討を含まなければならない。

・内部監査活動の行為が，規程，取締役会／監査委員会および上級経営者の期待と一貫しているかどうかを判断する。
・監査有効性および能率性のレベルについての見通しを示す。このことは，高品質の業績を達成するために不可欠な，高レベルの能率性と有効性で，内部監査活動を評価することを含まなければならない。
・監査およびコンサルティング・サービスが，ベスト・プラクティスを適用し，組織体のビジネス・プロセスに価値を付加しているかどうかを判断する。
・内部監査活動を改善するための勧告を提供する。
・内部監査活動の**基準**に対する適合性の程度を論証する。
・内部監査活動が外部レビューを受ける準備をする。

レビュー・チーム

　チームは，内部監査において高度の資格があり，かつその評価に際して客観的たり得る者で構成されなければならない。一般に，内部評

価チームが，内部監査活動から独立であることは不可能である。スタッフ・メンバーは，自分と共に直接顔を合わせて働いている同僚を客観的に評価することが困難であるとわかるであろう。方針および手続の評価もまた，同様に困難である。特に，スタッフ・メンバーが，こうした方針および手続の作成に関与してきた場合には。この任務を遂行している間，内部評価チームは，実行可能な最高水準で，独立かつ客観的な心持ちの必要性をチームに強調する立場にあるCAEに対して，直接に報告しなければならない。

業界および組織についての知識は，IIAの調査研究や外部品質評価レビューによって示されたように，内部評価チーム・メンバーの重要な属性である。彼らは，業界および組織について，歴史的展望を有しているはずである。この点について，現在スタッフである，あるいは，最近，内部監査活動から組織体のどこかに配置換えになった者ほど優れたチーム・メンバーは，存在しない。

内部レビュー・チームのプロフェッショナルな技能は，CAEにとって，最も重要である。それゆえ，できれば，チーム・メンバーは，判断上および分析上のスキルを持つことが論証されているだけでなく，管理者としての経験を有していなければならない。以下の規準を，選択プロセスにおいて用いることができる。

・客観性のレベル。
・基準に関する知識。
・内部監査管理のスキル。
・技術的知識（財務，業務，経営および情報技術）。
・プロフェッショナルの資格証明。
・業界に関する知識。

・組織体に関する知識。
・内部評価プロジェクトにおける活用可能性とプロジェクトに寄せる関心。
・人間関係のスキル。
・コミュニケーション・スキル。
・改善のための建設的分析，コメント，および勧告を提供する能力。

　一般に，合理的期間内にレビューを完了するには，二人のチーム・メンバーが必要である。そのうち一人は，内部評価のチーム・リーダーに任命されなければならない。内部評価のための必要時間数は，内部監査活動の規模，レビューの完了希望日，業務の範囲，その他の関連要因によって決まる。内部評価は，一般に，プログラムの計画策定および実行に関して，他の業務と同一の方法で実施されなければならない。相当に大規模な活動では，内部評価を実施または監督する品質評価マネジャーとして，任命される者がいるかもしれない。より小規模な活動においては，スタッフ配置上で生じざるを得ない限界，およびスタッフの資格や活用可能性を考慮して，内部評価プログラムの作成および実行において，柔軟に考える必要があろう。

　内部評価チーム・メンバーは，期間を区切って，交替しなければならない。これにより，同時進行プロジェクトに参加する者に対し，非常に積極的な「品質訓練および自覚」を植え付けると同時に，評価プロセスに新鮮な見方を持ち込むことができる。

　この任務の初期段階で，発見事項および勧告を記録し，かつ報告する方法，および最終報告書の形式について，取り決めがなされていなければならない。構造上の問題点および勧告と同様，優れた点の発見事項に関する討議も記載する均衡のとれた報告様式をとる方がよい。

これは，長所と改善のための勧告を共に提案する手段として役立つであろう。

CAE質問書

　内部評価で取り上げるべき個別の目標は，本章の章末にあるCAE質問書を指針として用いて，CAEが直接に関与して決定されるであろう。チーム・リーダーは，評価のための手続を作成するに際し，そして全体的評価を行うに際し，個別および全般目標をすべて検討しなければならない。目標は，外部評価の目標と似ているであろう。例えば：

・以下に照らして，内部監査活動の能率性と有効性を評価する。(a) 規程，(b) 組織体の将来の方向性およびゴール，(c) 取締役会（監査委員会），上級経営者およびCAEの期待，(d) 現在のニーズと機会，および (e) 有効といえるレベルを下回る実施となるリスク。

・CAEおよびスタッフの業績，および内部監査活動の業績を改善するため，機会を明らかにし，アイデアを提供し，彼らと協議する。選択された「ベスト・プラクティス」を実行することにより，内部監査活動は，経営者および取締役会に価値を付加し，組織体内における内部監査活動のイメージと信用を高めるであろう。

・内部監査活動が，**基準**に適合する程度に関する意見を提供する。

　内部評価の範囲およびプログラムは，同時進行的内部品質評価活動を考慮に入れて，修正されなければならない。その例には，以下が含まれるであろう：あるマネジャーが別のマネジャーの業務をレビュー

し，結果をCAEに報告すること，内部調査，または定期的に受け取る監査／コンサルティングの対象者による評価。

(注)章末のCAE質問書は，すべての内部評価に当てはまるとはいえない設問を含むであろう。

自己調査（任意）

　内部評価チームは，一般に，内部監査活動のスタッフから選任されるので，オリエンテーション・プロセスは，外部評価チームの場合よりも簡単である。内部評価チームは，すでに組織体，組織体の方針および手続，および内部監査活動に精通しており，内部監査活動の規程について徹底的に理解しているはずである。にもかかわらず，通常，外部評価のために完全な形で用意された，ツール２，付録A，自己調査書の一部を完了することは，本章の章末にあるCAE質問書に代えて，またはこれを補足するために適切であろう。

　自己調査書を作成すれば，優れた予備的な資料およびドキュメンテーションが得られると同時に，さらにレビューする必要のある領域が明らかにされるであろう。内部評価では，もし用いるとしても，一般に，より小規模またはターゲットを絞った自己調査書の修正版を用いた方がよいであろう。自己調査書は，また，将来行われるであろう外部評価，またはおそらく定期的検査（もしあるのであれば）においてさえ，有効な準備用のツールであることが立証されるであろう。外部評価目的では，内部評価の自己調査をアップ・デイトすることのみが必要とされるはずであるから。

監査対象者およびスタッフの調査

　業務管理者の内部監査活動業績に関する認識を扱うことは，品質評価のひとつの重要な側面である。時として，監査管理者は，監査の完了時に，管理者からのフィードバックを求めて，質問書を使用する。もしこれが各監査の完了後に，定期的に送付されているとすれば，評価チームがその回答をレビューすることにより，内部監査活動の業績に関する監査対象者の認識についての十分な調査となるであろう。内部評価は，また，同時進行的な対象者調査フィードバックを扱うための，現在のプロセスの有効性を評価することができる（特に，何らかの重要なフィードバックまたは提案となる可能性のあるものについて）。

　質問書が，監査およびコンサルティング対象者に定期的に送付されていない場合，評価チームは，過去12ヶ月間に監査を受け入れたまたはコンサルティング・サービスが実施された，業務および支援ユニットの管理者に，対象者調査書（ツール４，付録A，またはこれに類する質問書）を送付しなければならない。監査およびコンサルティングの勧告に対応する管理者は，この対象者調査の送付先に含めなければならない。この質問書の内容および回収プロセスは，調査書を送付する前に，CAEと共にレビューしなければならない。

　監査対象者の調査は，内部評価における初期のステップのひとつでなければならない。というのは，対象者が質問書に回答し終わり，返送するために時間を必要とするだろうからである。回答によって，内部評価中に，さらにフィールドワークを行う，またはフォロ・アップ・インタビューを行う領域が明らかになるかもしれない。

レビュー活動

　第2章「外部レビュー」では，品質評価プロセスおよび手続の全体を説明している。このプロセスおよびこれらの手続は，内部評価のためにも使用でき，または修正して使用できるであろう。この手続は，関連するツールを参照しつつ，内部監査活動が上述の評価目標を実行したかどうかを判断するためのプログラム指針を提供する。これらの手続は，内部レビューに特有の環境，または特定の目標に適応するように，評価チームにより修正されるであろう。さらに詳しい指針については，第6章，品質評価ツールの概要も参照。

　監査調書のレビューは，全体的内部評価の核心的要素である。さまざまなタイプの監査（例えば，財務，業務，情報技術，規則／コンプライアンス等）およびコンサルティング・プロジェクト／活動（例えば，システム開発，システム改造，ビジネス・プロセスの改編等）の多様なサンプルを，適切と思われるのであれば，内部評価プログラムに含めなければならない。加えて，組織体に対する他の重要な同時進行中のサービス，または内部監査活動から選択した内部業務プロセスもまた，全体的内部評価プログラムの目標に基づいて，評価チームのレビューのターゲットとできるであろう。内部評価チームは，一般に，同一のチームまたはマネジャーが実行した監査に過度に集中することは避けなければならない（ある特定の環境が，集中すべきことを示すのでなければ）。十分に均整のとれたサンプル選択および調書／ドキュメンテーション・レビュー・プロセスは，内部評価プログラムの構築に関して偏向がある可能性を示す外観を回避するために重要である。

インタビュー

　取締役会メンバーへのインタビューは，監査委員会の委員長およびその他の委員会メンバーが対象となる。執行役員へのインタビューは，最上級の上級役員，直接報告する役員のうち最上級の役員を対象とし，他の上級業務および支援ユニットの管理者から選択された者を含むこともある。これらのインタビューでは，内部監査の価値，経営者の期待，スタッフのプロフェッショナリズム，および内部監査活動を改善する領域についての見解を引き出す。インタビューは，評価のはじめの時点で行うことが最善であるが，上級経営者の忙しいスケジュールと調整するため，評価期間にわたって継続するであろう。

　インタビュー・プロセス（使用するかどうか検討するため，インタビュー・フォームのサンプルを含む）に関するさらに詳細な指針は，インタビュー・ガイド（ツール6～11，付録B，参照）にある。

評　価

　ツール19，**基準**遵守性評価サマリーおよび添付資料は，内部評価チームに，重要な問題点を明らかにし，内部監査活動の**基準**に対する遵守性の程度についての意見に到達するに関する指針を提供する。

報告およびフォロ・アップ

　本章で先に述べたように，評価チームおよびCAEにとって，評価の開始時に，報告媒体および形式について合意することが重要である。このことは，チームの独立性および客観性を強化する。付章Ⅰ（実践

要綱）およびツール20および20－B報告書のサンプルは，このプロセスに役立つよう，より詳しい指針を提供する。

内部評価チームが，最終の文書による報告書を作成した後，次に，CAEは，各勧告についての回答／行動計画および実行タイムテーブルを文書で記録しなければならない。CAEは，回答／行動計画プロセスにおいて，内部監査活動の管理チームおよび（または）スタッフに関与するであろう。

この回答は，(1) 各勧告に完全に合意する，(2) 合意はするが，他の是正方法を提案する，または (3) 是正措置をとらない理由を記録する，のいずれかでなければならない。内部評価チームは，CAEの回答を，十分かどうかレビューしなければならない。チームは，回答を明瞭にする必要がある場合には，CAEとの協議を求めなければならない。

最終報告書が内部監査活動の外部に送付される場合，CAEは，内部監査活動の回答および実行計画のコピーも送付しなければならない。**基準**により要求されてはいないが，CAEは，内部評価結果を，上級経営者および取締役会（監査委員会）に報告することを考えるであろう。

少なくとも年に1回，CAEは，内部評価が対象とした各重要領域の状態を，同時進行的に適用できる主要勧告事項の状態と共に，レビューしなければならない。これらの定期的レビューの結果は文書化し，内部レビュー報告書の受け手に対し，報告しなければならない。

監査スタッフと，最終内部評価報告書およびCAEの文書による回答を共有することは，価値ある訓練ツールになりうる。

一部の勧告は，長期的または同時進行的性質のものであろう。したがって，年度および特定の内部監査計画策定中に目標またはゴールを設定するに際し，またはゴール設定プロセス時に，内部および外部評価の勧告および是正措置を検討すれば役に立つであろう。

　事後内部評価における第一段階は，内部または外部評価での過去の勧告が，納得できるように解決されたかどうかを判断することでなければならない。この発見事項は，最終内部評価報告書に記載されなければならない。

CAE質問書
（ツール3参照）

質　問

（あなたの属する組織体および内部監査活動に当てはまると思われる設問に対し，簡潔に記述する形式で，関連する資料を添付して，回答して下さい。）

取締役会および経営監視

1．組織体について，書面によるコントロール・ポリシーはありますか？　あなたはそれを十分なものと考えていますか（例えば，企業リスク，権限および責任，マネジメント・コントロール，およびアカウンタビリティを対象にしていますか）？

2．あなたは，取締役会（監査委員会）による内部監査活動に対する

監視,期待,支援,および納得の程度に満足していますか？

3．取締役会（監査委員会）は，内部監査活動の年度計画策定／予算策定に関与していますか？ あなたは，彼らの関与が十分であると考えていますか？

4．あなたは，取締役会への報告，および彼らとの会合の方法および頻度について，満足していますか？

5．あなたは，執行役員の期待，支援，および納得の程度に満足していますか？

6．あなたは，経営者の部門年度計画策定／予算策定への関与に満足していますか？ あなたは，企業戦略，企業リスク，業務の有効性，機会への取り組み，およびコンサルティング・プロジェクトの可能性について，十分な情報を得ていますか？

7．最上級の役員との会合の性質，頻度および内容は，納得できるものですか？

8．組織体におけるあなたの地位は，戦略的計画策定の会合，その他の役員会，および適時な情報の受け取りへの参画を通して，広く認められていますか？

規程および監査実務環境

9．内部監査規程は，内部監査活動の使命，およびあなたと取締役会（監査委員会）および上級経営者との相互関係について格調高く規

定し，公式の承認を受けていますか？

10. 規程は，組織体およびIIA基準における重要な変化に照らして，現代的で，適合性がありますか？

11. 規程は，内部監査活動に関し，十分な役割，権限および業務範囲を設定していますか？　また，記録，情報，各地域，および従業員に対し，無制限にアクセスできることを規定していますか？

12. 内部監査活動内の環境，文化および権能は，適切な日常的コンタクト，質の高い業務，およびパートナー的関係を提供することにより，顧客指向を促進していますか？

13. 内部監査活動は，プロフェッショナリズムと継続的改善という他と区別できる文化を育んでいますか？

14. スタッフは，伝統的監査活動をこえたサービスを提供する機会についてはもちろん，企業リスク，コーポレート・ガバナンス，ビジネス・ゴール，目標に関し，自覚と理解を示していますか？

計画策定

15. 年度およびより長期の内部監査活動計画を導出するための体系的な方法の中で評価される企業リスク，マネジメント・コントロール，およびアカウンタビリティに関する監査領域はありますか？

16. 組織体のリスク・フレームワーク，戦略的ビジネス計画，およびテクノロジー計画は，すべて，計画策定プロセスで活用されまし

たか？

17. IT監査を行うための内部監査活動のアプローチに，十分な注意を払いましたか？

18. 内部監査活動による広範囲で，生産的なテクノロジーの活用の必要性は，考慮しましたか？

19. 資金，スタッフ構成およびスキル，テクノロジー，その他の資源は，計画遂行のために十分でしたか？

20. それぞれの業務計画は，リスク，コントロール目標，方針・法律および規則遵守，情報の信頼性／誠実性，資産の保全，資源の有効利用，業務／プログラムの目標／ゴールの達成，に関する適切な説明を含んでいましたか？

組織構築

21. 組織体の構造は，内部監査活動の使命／ゴールの達成を促すものですか？

22. あなたの方針，手続，および実務は，使命／ゴールの達成に貢献しますか？

23. 適格性モデル（業務内容書），業績基準，またはその他の手段は，スタッフへの期待およびアカウンタビリティを明確にするために用いられていますか？

スタッフ配置

24. あなたは，スタッフのビジョン，ゴールおよび目標に関する理解に満足していますか？

25. 内部監査活動の人材採用および教育方針および実務は，情報技術スキルに特に留意して，必要な人数およびスキル構成を提供していますか？

26. スタッフの見解は，経営および監査方針／計画策定の考慮事項について追求し，検討していますか？

27. 監督実務は，監査後のレビューに信頼をおくよりもむしろ，監査中に監査対象範囲とした領域等における，スタッフの権能とアカウンタビリティを改善する上で，スタッフを支援していますか？

28. 内部監査活動は，内部監査を組織体の経営資源として活用し，役員教育，ローテーションまたはこれに類するプログラムに関与していますか？

29. 内部監査人は，IIA基準および倫理綱要を遵守していますか？

指揮および調整

30. 監査計画策定手続およびコントロール評価は，重要な対象範囲の選択を保証するため／重要なビジネス・プロセスに焦点をおくため，組織体のリスクとコントロール・プロセスを理解するように

用いられていますか？

31. 個々の監査における業務の範囲は，年度監査計画策定プロセスで設定されたより広範囲の目標を満足していますか？

32. ビジネス・プロセスの監査は，経営者に価値を付加する結果を生み出すため，すべての重要なリスクおよびコントロールを評価するように設計され，実行されていますか？

33. 監査およびコンサルティング業務で明らかにされた問題点は，適時に報告されていますか？

34. あなたの報告書は，経営者のコメントを検討していますか？　また，問題点は，リスクを管理し，ビジネス・プロセスを改善することに焦点をおいて，経営者にもっとも良く貢献する方法で提示されていますか？

35. 内部監査活動がとったフォロ・アップ行動は，経営者による是正措置が，実際に期待される結果を達成するかどうか，適時に判断していますか？

36. 内部監査活動の業務は，外部監査人と，十分に調整されていますか？　その調整は，フォロ・アップの調整と共に，業務分担計画，訓練，監査報告書，および調書を，含んでいますか？

37. あなたは，外部監査人が，あなたの業務に信頼をおく程度について，納得していますか？

品質／プロセス改善

38. 以下の領域において，現在行われている，または近い将来計画されている，重要な品質／プロセス改善はどのようなものですか？
    - 対象者との関係（例えば，協力関係，自己評価およびマネジメント・プロセスについてのコンサルティング）
    - 監査サイクル時間の削減（例えば，監査計画策定および監査結果に，対象者が，より早い段階で，より頻繁に関与すること：報告とフォロ・アップの間隔の削減：監査手続の合理化）
    - スタッフおよび対象者の能力（例えば，自己レビューおよびアカウンタビリティ：組織の水平化と監督時間の削減：チームによる監査）
    - 新テクノロジーの導入，その他監査技法の向上
    - その他の領域――他の品質プロセスおよび「ベスト・プラクティス」を説明して下さい

39. 内部監査活動による内部レビューおよび品質評価プログラムについて説明して下さい。内部監査活動は，外部評価を受けましたか？ それは，いつですか？

第5章
コンサルティングおよびアドバイザリー・サービス

概　要

　本章では，IIAが，内部監査活動の品質改善に役立つように提供する，いくつかのコンサルティング・サービスについて説明する。IIAは，この3年間にわたって，こうしたサービスを提供してきており，毎年，この需要は増加している。もちろん，他にも，こうしたサービスを提供する有資格のプロバイダがある。

　本章を含める目的は，内部監査人が特定の領域——例えば，リスク評価やコントロール評価——において，専門家の補助を必要とする場合に役立つ源泉があること，およびコンサルティングを受けた結果が**IIA基準**適合性を追求する上で役立つであろうことを内部監査人に知らせることである。

　「すべての企業に内部監査人」という事態はまだ生じていないが，いつの日か現実になるかもしれない。内部監査は，パブリック・セクターにおいても，プライベート・セクターにおいても，成長しつつあるプロフェッションである。ある場合には，この機能の創設は，法的要求の結果であったであろう。また他の場合には，経営者または取締役会が将来を見通した結果であったであろう。理由はともあれ，この機能は，企業の成功に貢献することによりその価値を証明するのでなけ

れば，長くは存続しないし，まったく成長しもしないであろう。組織体の運営に価値を付加し，改善をする必要があるのである。

　実施される機能の変化の割合が，さらにより急速に大きくなっていると同時に，スタッフ数の増加が見られることは，特に興味深い現象である。内部監査人は，会計士，財務分析家，環境専門家，情報技術者，エコノミスト，エンジニア，その他多くの学問分野および専門領域の出身である。彼らの業務の範囲は，企業の全側面に広がる。彼らは，戦略的計画策定，買収および合併，リスク評価，コントロール構築，機械化への取り組み，コンサルティングおよび保証サービス，その他企業が行うすべてのことに係わる。

　企業および政府の両者が，その使命，存在目的，および競争的であり続ける必要性に対処する方法において，重要な変化が生じつつある。内部監査人は，動的プロフェッショナルとして，私的および公的組織体に貢献するより良い方法を，常に追求し続けている。

　「ただひとつ変わらないことは，変化である。」多くの内部監査活動は，ダイナミックな変化を経たか，または経ているところである。その基礎にある理由は，「いつも通りのビジネス」は，もはや受け入れられない，という認識である。賢明なマネジャーや監査委員会メンバーは，内部監査人に，同じかまたはより少ない資源で，より多くの価値を提供するように求める。そして，その努力を遵守性にはより少なく，プロセス改善や業務有効性にはより多く，振り向けるように求める。

　IIAは，最善の内部監査実務に関する多数の知識およびスキルを収集し，かつ開発した。この知識は，執行役員，監査委員会メンバー，およびCAE（内部監査担当役員）に役立つよう，さまざまな方法で活

用することができる。例えば、以下の領域は、活用によるベネフィットを実現できる例である。

- 監査実体領域内の優先順位リストを作成、維持して、より多くの価値を付加するビジネス・リスクおよびサービスに焦点をおくようにする。
- 組織体のマネジメント・コントロール・プロセスの十分性と有効性を監査するアプローチおよびプロセス――自己評価、統合的品質業務および対象者との協力関係――を改善することにより、組織体に価値を付加する。

内部監査機能を有する組織体があまりに多様であり、監査人の持つバックグラウンドが多彩であり、そして常に変化しているので、実務家が、必要不可欠な内部監査スキルの大要を得ておくことが重要である。そうするための最善の方法は、できれば、大学レベルの内部監査コースから始まる教育を受けることである。一部の監査人にとって、このプロセスは、OJT（実地訓練）を通して生ずる。スキルの修得は、特にCIA（公認内部監査人）になるといった、資格証明のプロセスにより、著しく促進される。その後、継続的教育および訓練プロセスを確立することが、大変に重要である。

すべての内部監査組織には、始まりがなければならない。開始に係わるステップは、困難な場合があるが、適切に計画されたとすれば、比較的困難でない場合もある。IIAは、新たに監査組織を形成する際には、支援を必要とする場合が多いことを見いだした。IIAは、多くの役に立つ出版物や提案を提供するが、設立の領域は、圧倒的にその必要性が高いと見られることが多い。2，3年前、IIAは、内部監査を立ち上げるためのコンサルティング・サービスを提供することを決

定し，そのために十分な実施のためのツールを提供した。IIAは，このベンチャーに成功し，このプロセスを，そのカリキュラムの一部とした。

　同時に，IIAは，特定の作業を実施する上での援助を求める要請を得た。この作業には，監査領域の開発，リスク評価プロセスの確立，1～3年の監査計画の策定，組織体のコントロール構造の検査，不正の摘発および防止支援，IT機能の創設，監査委員会の責任を規定するための支援またはその確立，等が含まれる。IIAは，これらの領域すべてにおいて，コンサルティング・サービスを提供しはじめた。

　IIAは，1～2週間で，インタビューや観察を通してその状況を評価し，さまざまなツールやプロフェッショナルの文献を提供し，関心領域について解決することができる。IIAは，リスク評価プロセスを設定し，コントロールズを検査し，あるいは機能全体を確立する上で，実際的な支援を提供する。

　プロフェッショナルな実務家といくつかのアイデアを共有するため，IIAは，**品質評価マニュアル**に本章を含めた。以下に，IIAが提供する11のコンサルティングおよびアドバイザリー・サービス（これらは，他のサービス・プロバイダも提供することができる）の一覧を示す。これらのサービスは，広範囲の「実際的な」経験を有し，「最先端の」組織体からきた人々によって提供される。一覧の次には，コンサルティング業務を行うための，目標，アプローチおよびプロセスに関し，2つの例を示す。

IIAが提供するコンサルティングおよびアドバイザリー・サービス（一部）

1. **有効な内部監査機能であるための基礎構築**。サービス目標：監査委員会および経営者に，内部監査の現在およびベスト・プラクティス，CAE選任基準を教示し，高品質の内部監査活動のフレームワークおよび手続を提供する。

2. **監査委員会との関係および経営者との協調関係の改善**。サービス目標：組織体の「コーポレート・ガバナンス」プロセスに関与する集団と内部監査活動の関係を改善し，組織体により以上の価値を付加する。

3. **監査委員会の役割規定**。サービス目標：その規程，その規模と構成，会合のスケジュール，および内部監査活動との相互関係を検査する。

4. **コーポレート・ガバナンス，リスクおよびコントロール・プロセス**。サービス目標：内部監査活動を，組織体のコーポレート・ガバナンス，リスク評価，およびマネジメント・コントロール・プロセスに，前向きの関係者として統合する。

5. **リスク評価と監査計画策定**。サービス目標：リスク評価方法，および重要なリスクを明らかにし，十分な監査およびコンサルティング範囲に資源を配分するための計画策定について評価する。監査領域の創出および監査計画の策定を含む。

6．**CAEを，当該会社におけるもっとも精通した役員にする**。サービス目標：CAEに，企業全体のシステム，プロセスおよび活動についての情報を提供するプロセスを確立する。

7．**内部監査スタッフ管理**。サービス目標：プロフェッショナル・スタッフを啓発する上での監査管理者の実務を改善するため，アイデアを生み出し，相談に応じる。

8．**IT監査機能の確立**。サービス目標：レビューすべき高リスク領域――例えば，ネットワーク，データベース，ワイヤー・トランスファー，継続的計画策定，および適切な予算およびツールの記述――に関する理解を有する，精通した人々により，機能を確立する。

9．**不正の摘発と防止**。サービス目標：不正の指標を明らかにし（摘発），かつ内部統制システムの十分性と有効性を評価する（防止）ことを保証する。

10．**監査ライフ・サイクルの実施**。サービス目標：経営者に，現実的で有効かつ能率的な勧告を提供するための有意義な改善に向けて，監査アプローチおよび方法を評価する。

11．**内部監査活動における品質コンセプトの使用**。サービス目標：内部監査活動における品質コンセプトの使用を評価し，重要な改善のための提案をする。（注）上述のサービス中の，いずれかのために用いられる場合もある。

典型的コンサルティング業務の例——1

サービス#1：有効な内部監査機能であるための基礎構築

ゴール： 執行役員に，現在の成功している内部監査実務を紹介し，高品質の内部監査活動を確立するためのフレームワークを提供すること。そして，有効な監査／コンサルティング対象範囲とするための，監査計画策定方法および資源配分プロセスを開発すること。資源配分における監査委員会および執行役員の関与は，組織体の重要なエクスポージャーをレビューするために，十分な資源配分が計画されていることを保証するため，決定的に重要である。

序： 監査委員会および経営者は，その組織体における内部監査活動の必要性を認識するかもしれない。しかし，彼らは，前進的な内部監査活動の利点を完全には承知していないかもしれないし，伝統的な遵守性／財務アプローチを進めるかもしれない。それゆえ，その内部監査活動の開始時に，教示し，促進し，かつ支援するためのサービスが必要とされる。

アプローチ： アプローチは，以下の組み合わせである。

・組織体のコーポレート・ガバナンス・プロセス，その戦略，財務および競争上の地位に精通する。

・内部監査活動が組織体に提供できるサービスを列挙して論ずると共に，監査委員会および執行役員の内部監査活動に対する期待が

醸成されるように支援する。

- 執行役員の中心メンバー，1名または数名の監査委員会（もしあるのであれば）メンバー，およびCAE（任命されているのであれば）に，内部監査活動の必要性と役割についてインタビューする。内部監査機能の設置に関する経営者の態度および関心について評価する。

- 内部監査規程のモデルを提案する。また，資源の必要性および内部監査活動の組織構造と報告ラインを決定するため，経営者と協働する。

- 有効で価値を付加する内部監査活動を支援する業務手続のフレームワークを提案する。

- 監査委員会を創設／向上するための規準および手続を提案する。

- 中心的監査戦略──例えば，CSA，継続監査，およびコソーシング──についての経営者の要望を検討する。

レビュー・ガイドライン：内部監査活動を評価する上で，以下のガイドラインに従わなければならない。

A．監査委員会／取締役会

1. 監査委員会の期待について判断し，評価する。──これは，インタビュー中になされるであろう。これらは，ポリシー・ステートメントの一部にあるかもしれないし，内部監査規程

提案の中にあるかもしれない。

2．CAEと監査委員会との期待される関係について討議する。——これには，望ましい報告書および経営者チームにおける独立のメンバーとしてのCAEの役割を含む。

3．内部監査結果を経営者／監査委員会に報告するための構造に関する期待を明らかにする。

B．執行役員

1．内部監査活動に関する期待を判断し，かつ評価する。

2．CAEが報告するレベルを判断する。COSOによれば，CAEは，独立性を保証するため，最上級の役員に報告しなければならない。この地位は，また，CAEに，組織体の役員および経営者の中で，遙かに高い信頼度を与える。CAEと執行役員の間の，計画上の業務関係を評価する。——それには，CAEが経営者チーム・メンバーと考えられるかどうか，すなわち，組織体の戦略的計画策定プロセスに関与し，非公式の役員会合に出席するかどうか，を含む。また，CAEが，上級役員に，自由かつ容易にアクセスし，組織体のリストラクチャリング，プロセス改善，および買収のような事項に関与を求められるかどうかを判断する。

3．CAEは，組織体の戦略的計画およびテクノロジー計画の両方の作成に関与し，内部監査スタッフは，これらにアクセスするかどうかを判断する。これらのドキュメントが，内部監査

業務の年度計画策定にどのように活用されるかを討議する。

4．執行役員は，業務管理者と同様，年度計画策定プロセスのための有意義な情報を有すると考えられるかどうかを判断する。

5．期待および潜在的関心事を明らかにするため，業務管理者から選択された者を対象として，調査／インタビューを行う。

C．ニーズ評価

1．インタビューおよび（または）調査結果に基づいて，内部監査活動に関する全体的期待を評価し，内部監査活動が必要とする事項を評価する計画を策定する。そこでは，スタッフ配置の資源，物理的な場所，およびテクノロジー・ニーズを検討する。

2．**世界監査情報ネットワーク（GAIN）**ベンチマーキング・サービスのデータを用いて，当該組織体のスタッフ規模に関する標準および全般的な人員配置ニーズについてのコメントを提供する。GAINから，他のデータ――例えば，訓練時間およびコスト，外部監査報酬，サイクル・タイム，およびさまざまな業績尺度――に関する情報を入手する。

3．監査委員会および執行役員の期待に応えるための，CAEおよびスタッフの資格について概説する。（スタッフが持つべき資格には，テクノロジー，ビジネスの経験，および現在の内部監査経験および専門知識が含まれる。）

4．IT監査は，内部監査活動あるいは第三者であるプロバイダのいずれにより提供されるべきか，判断する。

D．業務上の方針

1．内部監査規程のモデル，監査委員会規程のサンプル，内部監査マニュアルのアウトライン，**SAC**（『**システムの監査可能性とコントロール**』）を要約した文書，**IIA基準，GAIN**報告書のサンプル，およびIIAの宣伝用パッケージを提供する。

2．要請された場合には，報告および協力関係，スタッフの資格と啓発，計画策定，業績監査，および外部監査との調整に関する内部監査活動の方針を設計し，展開する上で，支援する。

3．要約および提案／勧告の付いた，監査報告書フレームワークを作成する。

4．調書取扱い手続を作成する。

5．人員およびプロジェクトについて，一定形式の追跡プロセスを導入する。

E．達成事項

業務の終了時には，以下の事項が達成されるであろう。

- 実践および手続マニュアル，または方針／手続データベースの作成。

- 監査報告書のデザイン，およびその分量と発行プロセスについての提案。
- 調書に関する手続の確立，および電子調書の実践可能性に関する討議。
- 内部監査活動および監査委員会の規程の作成。
- 内部監査スタッフおよび予算の規模についての勧告。
- 関連業界における類似した規模の監査スタッフについてのベンチマークとなる情報。
- 中心的領域の足跡をたどるために役立つ測定規準に関する規定。
- 監査委員会に対応し，プレゼンテーションを行うについてのアイデア。
- 訓練の必要性についてのレビュー。
- 内部監査活動のソフトウェアの必要性に配慮するための提案。
- 必要に応じ，適格性モデル（職務内容書の向上）の作成。
- 予算策定上の支援。
- CEO，CFO，コントローラー，監査委員会委員長（場合によっては，さらに数名）に行ったインタビュー。
- IIA基準およびそれを遵守する方法に関するレビュー。

この他，プロセス中に明らかにされた項目が提供されるであろう。

参考文献

1. *Internal Auditing Manual Shell on Disk* (by Paul E. Heeschen).

2. *Best Practices: Value-Added Approaches of Four Innovative Audit Departments* (by James Roth).

第5章◆コンサルティングおよびアドバイザリー・サービス　83

3. *Assurance Services within the Auditing Profession* (by Glen L. Gray and Maryann Jacobi Gray).

4. *Corporate Governance and the Board-What Works Best* (by PricewaterhouseCoopers and approved by The IIA Research Foundation).

5. The Treadway Commission Report.

6. The Blue Ribbon Panel on Audit Committees Report.

実践調査

　CAEから報告を受ける役員は，現地でのインタビューに先立ち，以下の質問書を完了する責任がある。

A．監査に関連する組織上のバックグラウンド
　1．以下の事項を明らかにする。
　　a．本質問書の回答者の氏名と肩書き
　　b．監査委員会委員長の氏名と肩書き
　　c．組織体の外部監査事務所の名称
　　d．外部監査事務所のサービスを指揮する者（すなわち，関与社員）の氏名
　　e．外部監査事務所のオフィスの住所と電話番号
　　　1．役員および業務管理者についての組織図を添付する
　　　2．直近の年次報告書のコピーを添付する
　　　3．内部監査活動に関して作成されてきた，スタッフの資格および業務内容書を添付する

典型的コンサルティング業務の例——2

サービス#2：監査委員会との関係および経営者との協調関係の改善

ゴール：組織体の「コーポレート・ガバナンス」プロセスに関与する集団と内部監査活動の関係を改善し，組織体により以上の価値を付加する。

序：顧客に提供する製品およびサービスが優れたものとなるよう努力する上で組織体が変化するとき，内部監査活動は，内部監査が貢献する人々との関係を見直さなければならない。経営者にもっとも良く貢献するには，経営者チームの一員となるべきである。独立性は，取締役会，経営者または法令上の機関が，内部監査人の行動の自由，および監査上の問題点を自由かつ開放的に報告する能力を完全に支持するとき存在するし，常に存在してきた。しかし，独立性は，もはやかつてのように「無関心」を意味することではあり得ない。今日の環境は，内部監査活動がその顧客——すなわち，監査委員会，執行役員，および監査対象者——に貢献するとき，実務との協調を追求するように，内部監査活動に求める。

アプローチ：アプローチは，以下の組み合わせである。

- 内部監査活動についてのさまざまな内容はもちろん，組織体のコントロール環境およびコーポレート・ガバナンス，その計画，財務および競争上の地位について精通する。
- 執行役員，監査委員会メンバー，および業務管理者から選択され

た者にインタビューする。

・内部監査活動とインタビューを受けた集団との間で生じた，多くの中心的ドキュメントおよび報告書をレビューすることにより，インタビューから収集された情報を正当化する。

目標：以下について，レビューし，かつ評価する。

・監査委員会および執行役員との関係。

・内部監査活動の対象者との協調関係。

・組織体の活動をコントロールするためのプロセスに関する，内部監査活動の，概念，構成要素，目標および限界への関与。

レビュー・ガイドライン：このレビューの目標が達成されているかどうかを評価する上で，以下のガイドラインを用いなければならない。CAEおよび内部監査スタッフから選択された者はもちろん，少なくとも，監査委員会委員長，CEOおよび（または）社長，およびその他の上級役員から選択された者とのインタビューを行わなければならない。望ましいと考えられる場合，過去12ヶ月の監査対象に，対象者調査書を送付する。

A．監査委員会との関係

1．インタビュー中に，監査委員会の期待について判断する。これらは，ポリシー・ステイトメントの一部にあるかもしれないし，内部監査規程提案にあるかもしれない。

2．内部監査活動が，委員会の作業に価値を付加するかどうか，インタビューから判断し，評価する。その場合には，どのように価値を付加し，どのようにそれを測定しているかを判断する。

3．監査委員会が，内部監査規程をレビューし，かつ承認したかどうか，その議事録によって，またはドキュメントにおける委員長の署名によって，判断する。規程は，内部監査活動の報告上の地位と責任を含み，かつ監査目標を達成するために必要な，人々および記録への無制限のアクセスを保証しなければならない。

4．CAEが，監査委員会のすべての会合――少なくとも年1回，監査委員会と私的に開く会合を含む――に出席しているかどうかを判断する。CAEが，監査委員会メンバーまたはその委員長と，スケジュールに組み込まれた会合以外に，臨時に接触することが，希なことであってはならない。

5．年度内部監査計画書，リスク評価方法のような監査委員会に対する報告――スタッフ配置レベルについての説明，計画に対する進捗状況に関する定期的報告，重要な監査上の問題点，および監査対象者の回答プロセスとその有効性を含む――のために用いられたドキュメントをレビューする。

6．監査委員会により，取締役会全体に対し発行された報告書の内容と頻度をレビューする。

B．執行役員との関係

1．インタビュー中に，内部監査活動に関する期待，および期待が

第5章◆コンサルティングおよびアドバイザリー・サービス

達成された程度（1～10のスケールによる）について判断する。

2．CAEが報告するレベルを判断する。COSOによれば，CAEは，独立性を保証するため，最上級の役員に報告しなければならない。この地位は，また，CAEに，組織体の役員および経営者の中で，遙かに高い信頼度を与える。CAEと執行役員の間の，業務関係を評価する。この関係は，CAEが経営者チームのメンバーと考えられている場合に，さらに強化される。例えば，組織体の戦略的計画策定プロセスに関与し，非公式の役員会合に出席することである。もっとも重要なことは，CAEが，監査上の問題点について討議するため，上級役員に自由かつ容易にアクセスすることである。CAEは，損失または失敗の可能性，それらを減少する方法，およびコントロール上の問題点について助言する等の事項を扱うため，役員との会合を活用するであろう。CAEは，組織体のリストラクチャリングや買収のような事項に関与を求められなければならない。

3．CAEは，組織体の戦略的計画およびテクノロジー計画の両方の策定に関与し，内部監査スタッフは，これらにアクセスしなければならない。これらのドキュメントが，内部監査業務の年度計画策定に活用される方法を評価する。執行役員は，中間管理者と同様，年度監査計画策定プロセスのための重要な情報源でなければならない。これは，重要なビジネス上の問題および内部監査活動が貢献できる方法について討議するため，顧客としての上級役員から選択された者と会合を行うことにより，達成される。

この関係は，監査の年度スケジュールおよびその他の相互関心事項

について討議するための役員との会合を通して，明らかにならなければならない。また，CAEとCEOとの，定期的にスケジュールに組み込まれた会合は，任意の会合と同様，重要である。

C．内部監査活動の監査対象者とのパートナー的役割

　「組織体のメンバーが，その責任を有効に解除する上で，援助すること」は，IIA基準を導入する上での課題として，新しい意味を持つ。内部監査活動は，監査を受けたビジネス・プロセスを改善するための有意義な貢献者であることを，どのようにして保証するのだろうか？内部監査の新しい役割は，管理者の活動に対し，内部監査がなすことのできる貢献を強調する。建設的な検査と分析的評価は，遵守性の検査者という過去の役割よりも，パートナー的役割の一部をなす。

　選択された対象者とのインタビューから，内部監査活動のアプローチが，業務管理者との業務上のパートナー関係を構築するために役立っているかどうかを判断する。最近の監査報告書のレビューは，この判断に役立つであろう。

1．内部監査活動のスタッフが，組織体内での，新しい役割を果たすための訓練を受けていたかどうかを判断する。

2．対象者調査が，監査サービスを改善するために活用される方法を判断する。調査は，対象者の関心を探る最も有効な方法のひとつである。対象者の反応に内部監査活動が対応する場合，時の経過と共に，評価が高くなることの多いことがわかる。

3．組織体を監査するためのアプローチを評価する。前進的内部監査活動は，内部監査の範囲を導き出す上で，管理者に関係する

であろう。もちろん，このことは，内部監査活動が，その監査目標を確立すること，あるいはある種の監査関心領域を追求することを禁ずるものではない。

4．必要に応じ，コンサルティング・サービスを提供する。こうしたサービスは，管理者が目標を達成する上で，彼らを支援するために提供される，内部監査の保証サービスをこえる幅広いサービスを含む。業務の性質と範囲は，顧客との合意による。その例としては，業務促進，プロセス・デザイン，訓練およびアドバイザリー・サービスがある。

5．どの程度，内部監査活動がCSAに関与するかを判断する。CSAは，脅威を与えない方法で，しばしば内部監査活動を触媒とする，ソフト・コントロールズを評価し，かつ従業員の関心を引き出すために管理者と協調する，非常に有力な手段として出現してきた。

D．リスク評価および内部統制責任について，業務管理者を教育する上での内部監査活動の関与

1．リスク管理の有効性を評価し，かつ改善するために，体系的で規律あるアプローチを用いることにより，その対象者に中心的サービスを提供する。

2．業務をコントロールするための概念およびプロセスについて，対象者を教育することにより，対象者に対し価値を付加する。内部監査活動が，品質改善のために，会社の委員会と共同で取り組むと同時に，内部統制教育改善プログラムを実行するため

に，その知識とスキルを活用したかどうかを判断する。

3．管理者または内部監査活動が，ビジネス・プロセスの内部統制概念および実践において従業員を教育する上で役立つ，他の方法を探求しているかを判断する。

E．結論

CAEと経営者との間の関係の程度と有効性について結論を出す。改善提案の受け入れ可能性は，相当程度，執行役員の意思に依存するであろう。だからといって，このことが，CAEおよび執行役員に対する挑戦的な報告の妨げとなってはならない。

参考文献

1. Best Practices: Value-Added Approaches of Four Innovative Audit Departments (by James Roth).

2. *Assurance* Services within the Auditing Profession (by Glen L. Gray and Maryann Jacobi Gray).

3. The IIA's *Global* Auditing Information Network (GAIN).

4. Competency Framework for Internal Auditing (by The IIA's Research Foundation).

5. Audit Committee Effectiveness — What Works Best (by PricewaterhouseCoopers and sponsored by The IIA Research

Foundation).

6. Competency Framework for Internal Auditing (by The IIA's Research Foundation).

実践調査

　CAEは，現地でのレビューに先立ち，以下の質問書を完了する責任がある。

A．内部監査活動のバックグラウンド
　　1．以下を明らかにする。
　　　a．CAEの氏名と肩書き
　　　b．内部監査活動のオフィスの名称（例えば，地区，事務所）と住所
　　　c．CAEが管理上報告する人物の氏名と肩書き
　　　d．監査委員会委員長の氏名と住所
　　　e．組織体の外部監査事務所の名称
　　　f．外部監査を統括する者（例えば，関与責任社員）の氏名
　　　g．外部監査人のオフィスの住所と電話番号
　　2．内部監査活動の地位を示す組織図を添付する。
　　3．組織体をコントロールするポリシーを添付する（発行されている場合には）。
　　4．当該組織体における内部監査の歴史を簡潔に示す。そこでは，内部監査活動を開始した時点，最近のCAEの交替，近年の成長の指標，および報告ラインと内部組織における主要な変更を記載する。
　　5．内部監査活動の規程（またはこれに類するドキュメント）お

よび組織図のコピーを添付する。

B．執行役員および取締役会（監査委員会）との関係

1．組織体の「コーポレート・ガバナンス」プロセス，およびそのプロセスにおける内部監査活動の役割を簡潔に記述する。
2．執行役員および取締役会（監査委員会）が，内部監査活動について精通し続けるようにする方法を説明する。そこでは，CAEが彼らと会合するスケジュールを組む頻度，その会合の出席者，典型的討議事項，執行役員および監査委員会が状態報告書を受け取る頻度等を記載する。
3．前年度中に，執行役員および取締役会（監査委員会）へ送付された状況報告書等のコピーを提供する。それをどの集団が受け取ったのかを示す。

第6章
品質評価のための
ツールの概要

序

　この10年間の経験に基づいて，IIAは，外部品質評価の実行を促進するため，一連のチェックリスト，指針，構造化されたレビュー・プログラム，その他のツールを開発した。これらのツールは，このマニュアルの前版からアップデイトされ，内部評価——事後に，外部正当化担当者に提出される自己評価を含む——での採用にも適応するように，必要な場合には，拡張した。

　これらのツールは，本マニュアルの最初の4つの章で規定された原則を，論理的かつ構造化された方法で適用するための，実践的参考資料として設計されている。これらはまた，**基準**の要件および**実践要綱**からの関連性ある指針も組み込んでいる。これらは，内部監査活動の**基準**に対する適合性を評価するものとして役立つと同様，コンサルティングを促進するためにも，より以上に指針を示し明瞭化するためにも，相当詳細に**基準**を参照してきた。

　品質評価の目標は，通常，内部監査活動の有効性——特にその貢献する組織体に価値を付加する可能性——を改善するという，（しばしば）より重要な目標を含むために，基準に対する適合性の評価を遙かにこえるものとなる。したがって，これらのツールはまた，その有効

性および価値をより高める勧告をするための，広範囲の基礎（およびドキュメンテーション）を提供するように設計されてきた。

これらのツールは，主として，外部品質評価のための参考資料として開発された。現在も，主としてそのために役立つのであるが，場合によっては，自己評価およびその他の内部監査活動の内部的品質評価において活用するためにも，十分に適応できる。

これらのツールは，評価者または評価チームによる業務のタイプとタイミングによって分類されている。すなわち，付録AからDまでに分け，示されている。以下，各付録の下にあるツールについて，簡単に説明する。

付録A──準備および予備的段階

品質評価チーム・リーダーにとって，範囲，目標および管理上の取り決めが合意に達して後，品質評価における最初のステップは，ツール1で設定される，準備および計画策定作業を行うことである。

同時に，CAE（内部監査担当役員）の指揮の下で，評価チームの範囲とニーズに照らして適切な，組織体および内部監査活動についての関連情報の収集を行わなければならない。ツール2は，評価チームを導くために使用され，かつ業務の詳細計画を策定するための基礎となる情報を収集するように設計された，包括的自己調査書である。

ツール3のCAE質問書は，自己調査情報を補足するために用いられるであろう。あるいは，内部評価（評価チームにとっては，組織体および内部監査活動について，多くの情報がすでに既知である）の場合，

第6章◆品質評価のためのツールの概要

ツール3は，評価チームにとって，まだ判明していない現在情報をさらに収集する主たる手段として，役立てることができる。

品質評価の予備的作業におけるもうひとつの重要な要素は，評価フィールドワーク開始前に，内部監査活動の中心的利害関係者から，現時点の情報を収集することである。ツール4は，内部監査活動からの貢献を受ける対象者およびその他の役員に関する調査をしてこの目的を達成する。ツール5は，内部監査活動のスタッフの調査書である。

付録B——インタビュー・ガイド

評価チームの現地訪問業務の一部として，先に調査したと同一の利害関係者から選択した者に対する，焦点を絞ったインタビューを行い，さらに情報を収集する。これらのインタビューは，調査結果をフォロ・アップし，かつ拡張するために役立つ。それらはまた，通常，内部監査活動の有効性評価および組織体の価値をより高めるための勧告の根拠の一部となる情報を引き出す。これらのターゲットを絞ったインタビュー・ガイドは，以下の種類の利害関係者を対象とする。

- ツール6——内部監査を監視する取締役会メンバー（取締役会の監査委員会であることが多い）
- ツール7——CAEが報告をする役員（CEOまたは当該組織体のその他の上級役員）
- ツール8——上級経営者および業務／支援ユニットの管理者（内部監査活動の対象者から選択する）
- ツール9——CAE（先に収集した情報について討議し，拡張するため）
- ツール10——内部監査スタッフ（さらに情報を得るため，秘密で，

1対1になる機会を与える）
- ツール11──外部監査人（監査の調整，信頼，および改善のためのアイデアについて，情報を得る）

これらのツールは，内部監査活動のもっとも重要な利害関係者（またはその代表サンプル）と持たれるべきインタビューを対象に含むように予定されている。しかしながら，組織構造および経営スタイルはさまざまなので，評価チームは，その計画策定において柔軟であるようにし，内容およびターゲットとした受け手の両面に関して，これらのインタビュー指針を修正する必要があろう。例えば，親会社または関係組織体の役員または取締役会メンバー，「所有者」（株主，寄付者またはこれに類する利害関係者），規制機関の代表者，監査またはコンサルティング機能をアウトソースしている外部組織，および内部監査活動の前任のスタッフ・メンバーをインタビュー対象として考慮する必要がある場合もあろう。こうした場合，指針は，追加されるインタビューの受け手，および討議される議題に適応するように修正されなければならない。

付録C──品質評価プログラムのセグメント

これらのプログラムセグメントは，内部監査活動の方針およびプロセスの有効性と同じく，その**基準**適合性をドキュメントしかつ正当化するために役立つ，品質評価の核心部分である。これらはまた，内部監査活動の有効性と価値を改善するための機会を明らかにし，ドキュメントするためにも役立つ。詳細な手続は，レビューされる主要領域によって分類されている。このように分類するのは，包括的レビュー範囲であることを保証し，評価チーム・メンバー間の作業量の分割を

促進するためである。

- ツール12——内部監査活動の構造および特性の評価（独立性，方針，組織構造等を測定するための報告ラインその他の特徴と同じく，権限および範囲を含む，規程／ミッション・ステイトメントを，主として扱う。）
- ツール13——リスク分析および業務計画策定（企業リスク管理およびアカウンタビリティ・プロセスに沿った内部監査活動領域の規定，長期および短期の計画策定，およびスタッフ数とスキルの全体的十分性を含む。）
- ツール14——スタッフのプロフェッショナルな技能（内部監査活動内のスタッフの知識とスキル，継続的教育，人材採用の方針とプロセス，および一般的な人的資源管理の徹底的な考察）
- ツール15——情報技術（組織体におけるテクノロジーの管理，内部監査活動が提供する監査およびコンサルティング・サービスの十分性，および内部監査活動自体の中におけるテクノロジーの活用に関する，重要領域にターゲットを絞った，包括的レビュー）
- ツール16——生産および価値の付加についての評価（ツール13を用いた，リスク評価および監査計画策定のレビューとの関連で測定されたものとしての監査計画達成度。これは，内部監査活動が用いた測定規準および全体的結果の上級経営者，取締役会およびその他の適切な利害関係者への報告を含む。）
- ツール17——個々の業務および報告書のレビュー（監査およびコンサルティング業務の代表サンプルに関する，業務管理，調書，報告書および実行のフォロ・アップに関する詳細なレビュー：さらに追加して選択された監査およびコンサルティング報告書のレビュー——他のツールにより入手された情報を正当化し，改善の機会を明らかにする。）

これらのツールは，内部評価および外部正当化を伴う自己評価にお

いて，これらの評価の合意された範囲および目標に照らして適切な範囲について，採用できるよう，十分柔軟であるように予定されている。

付録D──品質評価結果の評価と報告

　この部分は，結果を要約し，評価し，最終意見交換会の議事事項に組み入れ，そしてプロジェクトの報告書を起草するという，品質評価プロジェクトの最終段階である。この最終段階でのツールは，次のとおり。

- ツール18──観察および問題点ワークシート（評価チーム・メンバーが，さらに討議するため，それぞれの勧告に結び付く可能性のあるまたは重要な項目を記録するために用いる。これには，チーム・リーダーによるレビュー，およびCAE，内部監査活動のスタッフおよびその他適切な者のコメント／回答を付ける。：これらのワークシートは，最終意見交換会における大部分の討議事項の基礎となり，その後，報告書草案の基礎となる。）
- ツール19──基準遵守性評価サマリー（これは，内部監査活動の，基準および倫理綱要の各要素，各要素よりは広範囲の各カテゴリー，および全体に対する適合性を評価するための指針を付けた，基準および倫理綱要の各主要要素の一覧表である。：これは，通常，適合性の程度に関するチームの全体的意見を含む報告書セクションの基礎となる。）
- ツール20およびツール20A－C──品質評価報告書のサンプル（品質評価業務の報告書および説明的コメントに含まれる，コメントおよび勧告の書式および例示の提案を示す。）

　ここでも，これらのツールは柔軟性があり，適切と判断した場合に

は，すべてのタイプの品質評価業務に適用することを検討すべきである。

現在のツールの向上およびさらにツールを追加する可能性

　IIAは，品質評価チーム・メンバーが，その業務の一部として作成するであろう新たなツールのデザインを含め，これらのツールを活用する際に，修正したり実験したりすることを歓迎する。そして，関連するコメントや提案をQAR@theiia.org　に電子メールで寄せるようにお願いする。

付章 I
内部監査業務の品質評価に関するIIAの基準および実践要綱

序

　内部監査人協会は，本書の第1章で説明したように，**基準**の実施および適用のための指針として適切であると考えられる，**実践要綱**を提供している。付章Iは，**基準**1300シリーズに対して公表された**実践要綱**から構成され，また本書で検討しているそれぞれの品質評価プロセスに関係するものである。

● 実践要綱1310-1から1330-1まで

実践要綱1310-1：品質プログラムの評価

内部監査の専門職的実施の基準における基準1310の解釈

> 関連基準：1310――品質プログラムの評価
> 　内部監査活動は，品質プログラムの全般的な効果をモニターし，評価するためのプロセスを採用しなければならない。そのプロセスには，内部評価と外部評価との双方を含まなければならない。

　この実践要綱の性質：品質プログラムの作成または評価を行う際，内部監査人は，以下の助言を考慮しなければならない。この指針は，包括的な品質プログラムの制定またはその評価を行う際に考慮する必要があるすべての手続を記述することを意図したものではなく，品質評価の実務に関する留意事項として推奨される一連の項目を単に列挙することを意図したものに過ぎない。実践要

綱の遵守は任意である。

1. **品質プログラムの実施**――CAE（内部監査担当役員）は，内部監査活動に関係する多くの利害関係者に対して，以下の事項に関する合理的保証を提供するためのプロセスを導入することについての説明責任を負わなければならない。

   ・内部監査活動は，**内部監査の専門職的実施の基準**と**倫理綱要**に整合した基本規程に準拠して運営されていること。
   ・内部監査活動は，有効かつ能率的な方法で運営されていること。
   ・内部監査活動は，価値を付加し組織体の業績を向上させると利害関係者から認識されていること。

   これらのプロセスには，適切な監督，品質保証に関する定期的な内部評価と継続的なモニター，および定期的な外部評価が含まれていなければならない。

2. **品質プログラムのモニタリング**――モニタリングには，継続的な測定および業績測定規準（例えば，サイクル・タイムや改善勧告の受入件数）が含まれていなければならない。

3. **品質プログラムの評価**――評価に基づき，内部監査業務の品質に関する評価と結論付けが行われ，適切な改善勧告が導出されなければならない。品質プログラムの評価には，以下の諸点の評価が含まれていなければならない。

   ・**基準**と**倫理綱要**の遵守状況
   ・内部監査活動規程，ゴール，目的，方針および手続の妥当性
   ・組織のリスク管理，ガバナンスおよびコントロール・プロセスへの貢献
   ・適用される法律，規制，および政府または業界の基準の遵守状況
   ・継続的な改善活動およびベスト・プラクティスの採択に関する有効性

・監査業務が価値を付加し，組織の業績を向上させている事実の有無

4. **継続的な改善**——すべての品質改善の努力には，モニタリングと評価活動によって示された資源，技術，プロセスおよび手続の適切な修正を導入するよう制定された報告プロセスが含まれていなければならない。

5. **結果の報告**——説明責任を果たすため，CAEは，外部の品質プログラムの評価結果のみならず，必要に応じて，内部の品質プログラムの評価結果に関する情報を，上級経営者，取締役会および外部監査人などさまざまな利害関係者と共有しなければならない。

実践要綱1311-1：内部評価

内部監査の専門職的実施の基準における基準1311の解釈

> 関連基準：1311——内部評価
> 内部評価は，以下を含まなければならない。
> ・内部監査活動の業績についての同時進行的レビュー
> ・自己評価を通じ，または内部監査の実務や基準についての知識を有する組織体内の他の人々により実施される，定期的なレビュー

この実践要綱の性質：内部監査部門において内部評価を実施する際，内部監査人は，以下の助言を考慮しなければならない。この指針は，包括的な内部評価を行うために必要とされるすべての手続を記述することを意図したものではなく，内部評価の実務に関する留意事項として推奨される一連の項目を単に列挙することを意図したものに過ぎない。実践要綱の遵守は任意である。

1. **同時進行的レビュー**——同時進行的評価は，以下を通じて実施される。

    ・実践要綱2340-1「業務の監督」に記述された業務の監督

- 内部監査活動で採用されている手続（例えば，監査マニュアルおよび手続マニュアル）に組み込まれている，保証提供のためのチェックリストおよびその他の手法
- 被監査部門およびその他の利害関係者からのフィードバック
- 業績測定規準の分析（例えば，サイクル・タイムおよび改善勧告受入件数）
- プロジェクト予算，時間管理システム，監査計画の完了，コストの回収など

2．同時進行的レビューに関する結論を導出し，適切な改善が保証されるようにフォロ・アップしなければならない。

3．定期的なレビュー——定期的な評価は，監査業務の基本規程，**内部監査の専門職的実施の基準**および**倫理綱要**の遵守状況に関する評価，ならびにさまざまな利害関係者のニーズを充足するための内部監査活動の能率性と有効性の評価を意図したものでなければならない。IIAの**品質評価マニュアル**には，内部レビューのためのガイダンスとツールが含まれている。

4．定期的な評価の特質は，以下のとおりである。

- 利害関係者集団に関する，より掘り下げたインタビューと調査が含まれる場合がある。
- 内部監査活動のメンバーより行われる場合がある（自己評価）。
- 公認内部監査人（CIA），または現時点で組織内の他部署に配属されているその他の有能な監査プロフェッショナルによって実施される場合がある。
- 自己評価と資料作成を組み合わせて実施される場合があり，その内容については，公認内部監査人（CIA）または組織内の他部署に配属されているその他の有能な監査プロフェッショナルが事後的にレビューを行う。
- 内部監査部門の実務についてのベンチマーキング，および内部監査プロフェッションとしてのベスト・プラクティスの業績測定規準を含む場合がある。

5．必要に応じて，業務の品質，および業務の改善や基準の遵守を目的とした是正措置に関する結論を導出しなければならない。

6．CAEは，適切な信頼性と客観性を維持するため，定期的なレビューの結果を報告する仕組みを確立すべきである。一般に，同時進行的かつ定期的なレビューを実施する職責を担う者は，レビュー実施中に，CAE宛てに報告を行わなければならず，その結果報告は，CAEに直接行わなければならない。

7．結果の報告──CAEは，内部評価の結果および所要の行動計画に関する情報を，上級経営者，取締役会および外部監査人など，内部監査活動に関係のある適切な外部の者と共有しなければならない。

実践要綱1312-1：外部評価

内部監査の専門職的実施の基準における基準1312の解釈

> 関連基準：1312──外部評価
> 品質保証レビューのような外部評価は，組織体の外部から有資格，かつ独立なレビュー者またはレビュー・チームによって，少なくとも5年ごとに1度は実施されなければならない。

この実践要綱の性質：内部監査活動の外部評価について計画し契約を締結する際，内部監査人は，以下の助言を考慮しなければならない。この指針は，外部評価を実施する際に考慮する必要があるすべての項目を記述することを意図したものではなく，外部評価に関する留意事項として推奨される一連の高い水準の項目を単に列挙することを意図したものに過ぎない。実践要綱の遵守は任意である。

1．一般的な考慮事項──内部監査活動の外部評価においては，内部監査活動における**内部監査の専門職的実施の基準**の遵守状況に関する評価と意見表明が行われなければならず，必要に応じて，改善勧告がなされなければな

らない。これらのレビューは，CAEおよび内部監査活動の他のメンバーに多大な付加価値を提供するものである。このようなレビュー者は，有資格者（下記の第4パラグラフを参照）に限定すべきである。

2. 外部評価は，2002年1月1日から5年以内に実施する必要がある。外部レビューを要求している新**基準**を早期に採択することが，大いに推奨される。外部レビューを実施した組織体には，直前のレビューから5年以内に次の外部レビューを実施することが推奨されている。

3. レビュー完了後，取締役会（**基準**の用語集の定義を参照）および上級経営者に対して，正式な報告が行われなければならない。

4. **外部レビュー者の資格**——外部レビュー者は，自己評価（下記の第13パラグラフを参照）の正当化担当者を含めて，組織および内部監査活動から独立していなければならない。レビュー・チームは，プロフェッショナルとしての内部監査実務と外部評価プロセスに関する技能を有する者によって構成されていなければならない。外部評価を実施する候補者として考えられる適格者には，IIAの品質保証レビュー者，政府規制の検査官，コンサルタント，外部監査人，その他の専門的サービス提供者および組織体外部の内部監査人などが含まれる。

5. **独立性**——外部評価を実施している組織体，レビュー・チームのメンバー，および外部評価に参加しているその他のあらゆる者は，レビュー対象の組織体またはその構成員との間にいかなる義務もまた利害関係も有してはならない。組織体内の他の部署の者は，たとえ組織的には内部監査活動から独立していたとしても，外部評価を実施する目的に照らして，独立しているとはみなされない。

6. 3つ以上の組織体間での相互レビューは，独立性に関する懸念を軽減する方法にて実施され得る。一般に，2つの組織体間における相互レビューは，

付章Ⅰ◆内部監査業務の品質評価に関するIIAの基準および実践要綱 107

実施されるべきではない。

7. 外部評価は，組織体から独立し，かつ実際にあるいは外見上利害の対立が生じていない，有資格者により実施されなければならない。「組織体からの独立」とは，内部監査活動が属する組織体の一部でないこと，あるいはその支配下にないことを意味する。外部レビュー者の選任にあたっては，外部レビュー者が現在または過去において組織体またはその内部監査活動と関係を有している場合に，その関係に起因して利害の対立が実際に生じているかまたは生じる可能性があるため，この点について考慮しなければならない。

8. **誠実性と客観性**——**誠実性**は，レビュー・チームに対して，秘密保持の制約の範囲内において，正直かつ率直であることを要求する。個人的な利益や有利性を，サービスや社会に対する信頼よりも優先させてはならない。**客観性**とは，レビュー・チームのサービスに価値を付加するための，精神的態度であり品質である。客観性の原則は，公正であること，知的に正直であること，および利害の対立がないことを義務として課している。

9. **能力**——外部評価の実施およびその結果報告に際しては，プロフェッションとしての判断が要求される。したがって，レビュー者は，以下の能力を備えていなければならない。

・公認内部監査人（CIA），公認会計士（CPA），勅許会計士（CA）または公認情報システム監査人（CISA）などの，公認資格を有する有能な監査プロフェッショナルであり，基準に関する最新の知識を有していること。
・プロフェッションとしてのベスト・プラクティスを熟知していること。
・少なくとも3年間管理者レベルの内部監査の実務経験を有していること。

10. レビュー・チームには，情報技術の専門技能および関連業界の経験を有するメンバーを含めるべきである。他の専門領域の技能を有する者が，外部

レビュー・チームの支援を行う場合がある。例えば，統計的な標本抽出の専門家あるいはコントロールの自己評価の専門家が，レビューの特定部分に参加する場合がある。

11. **経営管理者と取締役会による承認**——CAEは，外部のレビュー者の選任プロセスに上級経営者と取締役会を関与させ，その承認を得なければならない。

12. **外部評価の範囲**——外部評価は，広範な業務範囲を対象として実施されるべきであり，その範囲には内部監査活動に関する以下の要素が含まれていなければならない。

   - **基準**，IIAの**倫理綱要**および内部監査活動の基本規程，計画，方針，手続，実務，適用される法律ならびに規制要件の遵守状況。
   - 取締役会，執行役員および業務管理者が表明している，内部監査活動への期待。
   - 組織体のガバナンス・プロセスに関係する主要グループ内での重複関係を含めた，内部監査活動とガバナンス・プロセスとの統合。
   - 内部監査活動に使用される監査ツールと監査技術。
   - プロセス改善のために重点をおいた監査スタッフを含んだ，監査スタッフの知識，経験および訓練の融合。
   - 内部監査活動が，組織体の業務に価値を付加し，業績改善に貢献しているか否かの判定。

13. **独立の正当化を伴う自己評価**——外部評価の代替的プロセスとして，CAEが，独立した外部チームによる独立の正当化を伴う自己評価を実施する方法がある。この方法は，以下のような特徴を有していなければならない。

   - 包括的に十分に文書化されている自己評価プロセスであること。
   - 有資格のかつ独立したレビュー者により，結果を正当化するため現地での

付章Ⅰ◆内部監査業務の品質評価に関するIIAの基準および実践要綱

検証業務を行う。(上記の第4パラグラフを参照)
・要する時間と資源が経済的であることが要求される。

14. CAEの指揮下にあるチームが，自己評価プロセスを実施しなければならない。IIAの**品質評価マニュアル**は，自己評価プロセスの例を示しており，自己評価のための指針およびツールを含んでいる。有資格のかつ独立したレビュー者は，自己評価の結果の正当性を検証し，かつ対象業務の基準への遵守程度に関する意見表明を行うために，自己評価に関する部分的な検証を実施しなければならない。

15. 自己評価の結果報告については，以下に概説された手続に従わなければならない。(17パラグラフを参照)

16. 十分な外部レビューは，業務に対して最大のベネフィットを付加するものであり，業務の品質プログラムに包含されなければならないが，その一方で，独立の正当化を伴う自己評価は，**基準1312**に準拠した代替的手段である。

17. **結果報告**——レビューの予備的結果については，評価プロセスの途中および結論導出の段階において，CAEと議論しなければならない。最終結論は，組織体のレビューを承認したCAEまたはその他の役員へ報告されなければならない。

18. 報告には，以下の点が含まれていなければならない。

・体系化された評点プロセスに基づき判定した，内部監査活動における**基準**の遵守状況に関する意見。「遵守」という用語は，内部監査活動の業務実務が，全体として，**基準**の要件を満たしていることを意味する。同様に，「遵守していない」という用語は，内部監査活動の不備による影響やその辛苦が重大であるため，内部監査部門の責任履行能力が侵害されていることを

意味する。外部評価の結果に関する意見表明を行うためには，健全なビジネス判断，誠実性およびプロフェッションとしての正当な注意が要求される。
・ベスト・プラクティスを適用することの評価と評定。ここでのベスト・プラクティスには，外部評価のプロセスで観察されたベスト・プラクティス，および業務に適用可能な潜在的なベスト・プラクティスの双方が含まれる。
・必要に応じた改善勧告。
・行動計画と実施日を含んだ，CAEからの回答。

19. CAEは，レビューの結果と必要な行動計画を上級経営者に，必要に応じて取締役会に，報告しなければならない。

実践要綱1320-1：品質プログラムの報告

内部監査の専門職的実施の基準における基準1320の解釈

> 関連基準：1320――品質プログラムの報告
> CAEは，外部評価の結果を取締役会に報告しなければならない。

この実践要綱の性質：品質プログラムの報告を行う際，内部監査人は，以下の助言を考慮しなければならない。この指針は，考慮する必要があるすべての項目を記述することを意図したものではなく，留意事項として推奨される一連の項目を単に列挙することを意図したものに過ぎない。実践要綱の遵守は任意である。

1. 外部評価の完了に際して，レビュー・チームは，内部監査活動での**基準**の遵守状況に関する意見を含んだ公式報告書を作成しなければならない。その報告書には，内部監査活動の基本規程および適用されるその他の基準の遵守状況に関する意見，ならびに適切な改善勧告が含まれていなければならない。報告書は，外部評価の実施を要請した者または組織体に提出され

なければならない。CAEは，外部評価の報告書に記載された重大なコメントおよび勧告に対応して，書面による行動計画書を作成しなければならない。適切なフォロ・アップの実施も，CAEの責務である。

2. **基準**の遵守状況に関する評価は，外部評価の重要な構成要素である。レビュー・チームは，内部監査活動での遵守状況を評価し意見表明を行うために，**基準**の内容を理解しなければならない。しかし，**実践要綱1310-1**に記載されているように，内部監査活動の業績を評価する際に考慮すべき追加的な評価規準が存在する。

実践要綱1330-1：「『基準』に準拠して実施された」の用語の使用

内部監査の専門職的実施の基準における基準1330の解釈

関連基準：1330――「『基準』に準拠して実施された」の用語の使用

　内部監査人は，その業務が「内部監査の専門職的実施の基準に**準拠して実施された**」と報告するようにすることが良い。ただし，内部監査人が，上記の表現をすることができるのは，品質改善プログラムの評価によって，内部監査活動が基準を遵守していると証明された場合においてのみである。

この実践要綱の性質：内部監査人は，「内部監査の専門職的実施の**基準に準拠して実施された**」という表現を使用する際，以下の助言を考慮しなければならない。この指針は，包括的であることを意図したものではなく，単に基準を補完することを意図したものに過ぎない。実践要綱の遵守は任意である。

1. **一般的な考慮事項** － 内部監査活動の外部評価および内部評価は，内部監査活動における**内部監査の専門職的実施の基準**の遵守状況を評価し，意見表明を行うために実施されるべきであり，必要に応じて，改善勧告を含んでいなければならない。これらのレビューは，CAEおよび内部監査活動の他のメンバーに対して，多大な価値を提供する。このようなレビュー者は，

有資格者に限定しなければならない。

2. 外部評価は，2002年1月1日から5年以内に実施するように要求されている。外部レビューを要求している新**基準**を早期に採択されることが，大いに推奨される。外部レビューを実施した組織体には，直前のレビューから5年以内に次の外部レビューを実施することが推奨されている。

3. **遵守表現の使用**――遵守表現は，品質改善プログラムの評価および内部監査活動が**基準**に準拠しているとの結論において使用するように求められる。内部監査活動の全般的な業務範囲または業務運営に影響を及ぼす遵守性違反の事例の場合，また2007年1月1日までに外部評価を実施できなかった場合にも，上級経営者および取締役会に開示しなければならない。

実践要綱1340-1：不完全な遵守の開示

内部監査の専門職的実施の基準における基準1340の解釈

> 関連基準：1340――不完全な遵守の開示
> 　内部監査活動は，基準への完全な遵守を，また，内部監査人は倫理綱要を完全に遵守しなければならないが，完全に遵守されない場合もあり得る。基準への違反が，内部監査活動の全基準1340における指針が適切でない場合には，この実践要綱は必要でないと判断される。

　基準1340における指針が適切でない場合には，この実践要綱は必要でないと判断される。

付章 II

ガバナンス, 企業リスク, マネジメント・コントロール, およびアカウンタビリティ

概要－監視, ステュワードシップ, 業績, および保証業務

　内部監査活動の有効性についての広範なフレームワークは，その内部監査活動が属する組織全体の有効な業務のためのフレームワークと同一のものでなければならない。このことは，パブリック・セクターおよびプライベート・セクター双方の組織体にあてはまる。そして，広範なフレームワークは，以下の4つの基本的な組織的要素を基礎におくべきである。

・「**監視グループ**」（これは取締役会あるいは株主により設立されたガバナンス委員会，ならびに取締役会のさまざまな委員会に加えて，他の組織体の「所有者／利害関係者」からなる）としての責任を有する，組織体の**ガバナンス構造**。権限を委譲することによって，「**ステュワードシップ・グループ**」（最高経営責任者および他の上級経営者）はガバナンス・プロセスの遂行者となる。

・取締役会が戦略的な指針を提供し監視する際の，組織体の**企業リスク・フレームワーク**。この企業リスク・フレームワークは主として「**ステュワードシップ・グループ**」（上級経営者）に焦点を当て，広範な戦略が策定されるプロセスや組織体の資源が割り当てられるプロセスを説明している。

・権限のさらなる委譲，戦略の実施に際しての責任の割当て，および資源の

配分，ならびにこれらのプロセスに関連する**マネジメント・コントロール**（意思決定支援情報システムを含む）は，「**実施グループ**」（業務および支援単位の管理者）の主要な職能を定義している。

- 自己評価，経営者への報告システムによる結果のフィードバックを含んだ，組織体のさまざまなレベルで設定された**監視とモニタリング・メカニズム**は，ステュワードシップ・グループおよび監視グループに戻り，**アカウンタビリティ**のサイクルを終える。（監査，評価，プロセス改善，ならびに他の内部のコンサルタント活動などのように）関連のあるモニタリング機能は，報告された結果を正当化し，勧告し，改善し，さらに組織体の有効性の改善を支援する，「**保証グループ**」を作り上げる。

企業リスクのフレームワークの例

リスクを論じる方法や分類する方法，ならびにフレームワークを立案するために使用するモデルは多くある。以下では，典型的な組織体での財務活動やサービス活動に伴った重要な企業リスクについて説明する。

- **重要な意思決定にかかわる，戦略リスクまたは「機会」リスク**。重要な意思決定には以下のものが含まれる。
  - さまざまな可能な戦略の中からの選択および決定。
  - 組織体の可能な活動領域での特定の要素に対する優先順位の決定とその維持。（例えば，事業ライン，および製品，地理的範囲など）
  - ジョイントベンチャーへの参入，長期的な取り組み，貸付基金契約および契約期間ならびに契約条件。
  - 特定のプログラム，主要なプロジェクト，および取り組みのレベル，あるいは重要度についての意思決定。

- **評判リスク／信用リスク**。これには，実際の有効性と「理想の市場」のもとで**認識された有効性**，鍵となる規制の影響とビジネス上の意思決定者の

影響，最適条件の達成，「利害関係者」に提供している公正不偏な組織体の業績，および適用されるすべての法律・規則・倫理基準への遵守が含まれている。

- 例えば，以下のことから生じる**資金調達リスクまたは流動性リスク**。
  - 合意された資金を収集するためにコミットメントしている際の予期しない資金の減額，または資金源泉の喪失。
  - 要望された資金で効果的に競争できない，あるいは他の資金源泉を得られない。
  - 資金の限界あるいは非経済的な要因の拡張のために，要望されているプロジェクトや製品等に適応した資金を得られない。

- **有効性リスク**——これは（戦略的リスクあるいは資金調達リスクまたは流動性リスクと同様に）潜在的な脅威あるいは機会から生じ，計画および実施に関連する。また，有効性リスクは，意思決定支援およびその他の経営情報の有効な利用を含む。（例えば，有効なマネジメント・コントロール，監視，結果の測定，および他のアカウンタビリティのツールを提供すること）

- **情報技術（IT）リスクおよび経営情報リスク**は，以下のものを含んでいる。
  - 情報技術（ハードウェア，ソフトウェア，通信ネットワーク，および経営情報ツール等）の意思決定から生じる広範囲の潜在的脅威および機会。情報技術の意思決定は，特に情報技術資源の計画，選択，実施を含んでいる。

  - 組織体内の，（完全性，正確性，適時性を要求される）経営情報のあらゆる計画と費用対効果のある使用。経営情報には，（組織体内の）すべてのレベルで，意思決定を有効に支援するために，業務活動をモニターするために，そして予算管理のために，特に，「例外による管理」に対してもそれらの責任を履行できるように，必要とされる定期的報告とリア

ルタイムの情報の双方が含まれるであろう。

・情報技術資源の現行の運営管理や利用促進のためのソフトウェアの発注および利用者や支援スタッフの訓練等のために，選択されたツールとそのプロセス。

・情報技術管理の鍵となる管理要素：すなわち，システムのセキュリティ，データの完全性，災害復旧，事業再開計画，および同じく包括的な情報技術管理プロセスのコントロールズ。

・**取引リスク**——すなわち，組織体に影響を与えるすべての取引の適切性，承認，文書化，記録，モニタリング，および報告，資源の保全や有効な資源利用の促進，過剰な費用，あるいは事業領域および管理上の支援活動での「過度な管理」を排除して，管理されなければならない。

・**方針／手続の有効性と関連するコンプライアンス・リスク**——コントロールズおよび手続の品質や完全性に関連する包括的なカテゴリー——ならびにそれらの十分な遵守。このリスクは，他のすべてのリスクを考慮されたものであるが，通常，それらのリスクと同じ大きさではない。このリスクの場合も，過剰な費用や過度な管理を排除することに関しては，取引リスクと同様である。

リスク管理とそれに関連するコントロールズについての有効な計画と実施

　実践で広範囲なリスク管理のフレームを適用するには，マネジメントの機能の中のいくつかのカテゴリーを適用することが要求される。それらは以下に述べる通りである。

・組織体の資源，競争，規制環境と首尾一貫し，適切なリスクの識別と評価構造を連携させた，戦略および目標を選択すること。このリスクのフレー

付章Ⅱ◆ガバナンス,企業リスク,マネジメント・コントロール,およびアカウンタビリティ

ムワークと戦略／目標は，消極的な用語と積極的な用語の双方で述べられている。すなわち，目標達成に対する脅威あるいは障害，およびそれらを最小化する機会または代替案を実施する機会である。これは，監視グループとステュワードシップ・グループの**戦略的計画策定**機能である。

・費用対効果のある方法で目標を達成させるためにたいてい考慮されるマネジメント・コントロールの方針とプロセスを選択するための基礎として，コントロール・パッケージ全体として適用する，リスクのフレームワークと戦略／目標を使用すること。戦略／目標の採択に関連して，合意され，確立された測定可能な結果が存在すべきである。そのとき，それらのマネジメント・コントロールを有効に適用する活動やその関係が確立されるであろう。これらは，監視グループとステュワードシップ・グループの**組織化機能**の部分である。

・さらに，組織図，辞令（delegation of authority documents）（あるいは，業務および支援単位での就任期間，基本規程など）および職位図等を通じて，コントロール方法についてのドキュメントを完成させる。これらの**コントロールを構造化する活動**を行い，ギャップ，重複，明瞭性の欠如，過剰な費用等に対するコントロール・パッケージ全体を吟味するときに，ステュワードシップ・グループは実行する実施グループに権限を付与する。

・自己評価と報告，監視者のレビューと評価，ならびに業績および結果を測定するための監査ツールの適用のためのプロセスを確立することにより，ステュワードシップ・グループは，実施グループの**アカウンタビリティ**の履行構造を確立する。（これらのプロセスが経営者に「所有」され，計画されていることは，大事なことである。もしこのプロセスが，完全に有効に機能している場合にはモニタリングあるいは監視職能は必要とされない。）

・上述したコントロールやアカウンタビリティのプロセスが完全に有効に機能するとは限らないため，統合された**監視・モニタリング**機能の設計およ

び実行が必要である。どのような場合でも，監視グループやステュワードシップ・グループは，これらのプロセスがいかに上手く機能するかに関しての独立した保証とフィードバックを必要としている。監視・モニタリング機能には，プログラムの有効性の評価（「VFM（Value-for-money）」を含む），品質保証，プロセス改善，遵守性のレビュー（業務，財務，規制），特別調査，そして「監査」機能をもつ他の種類が包含される。これらは，1つの内部監査と評価単位（これが望ましい）に分類されるか，あるいは，2つかそれ以上の（緻密に調整された）単位としての機能に分類されるかもしれない。

「調整された」監視／モニタリング機能の確立と運営

組織体内部の監視／モニタリング（以下O/Mと略す）機能の設計および実施の順序は以下のような段階を含むべきである。

・先に検討した企業リスクやマネジメント・コントロールのフレームワークを調整したO/Mの領域を定義する。「伝統的な」内部監査機能が通常取引リスクやコンプライアンス・リスクに内部監査の資源の大部分を投入してきており，そのことが組織体のリスクやコントロールのフレームワークに重大な調整不良をもたらしていることに注意せよ。

・O/M資源の投入による，最も高いエクスポージャーと価値を付加する最善の機会を表す，プログラム，プロセス，システム，業務および取引サイクル等を決定するため，リスクの識別と評価を実施する。この評価プロセスはリスク評価と計画しているソフトウェアの利用により促進されうるが，評価プロセスには注意を払ったレビューと健全な判断の行使が同時に要求される。

・可能な監査，評価，レビュー等を通じて，O/M計画が体系的な方法で達成される領域内で，長期的なO/M計画（例えば1期間3年を超えたもの）を

策定する。例えば，O/M業務は，毎年，リスクの最も高い領域あるいは優先順位の最も高い領域の単位を実施する。その次にリスクの高いものを2年ごとに，そして，その次にリスクの高いものを3年ごとに実施する。そして，監視業務は3年計画の各年度に最も優先順位の低い領域の単位の中の代表的な標本に対してのみ実施する。毎年O/M計画を更新する。

・計画されたO/M業務の種類ごとに，業務範囲，目標，所要時間，割り当てる人員等を特定し，年度のO/M計画を策定する。

・条件や経営者のニーズの変化によって代用あるいは計画された業務の範囲の増加／減少という結果がもたらされるという仮定のもとに，フレキシブルな長期計画および年次計画を策定する。その計画には，外部監査人からの意見と同様に，組織体の経営者からの広範囲にわたる意見（取締役会の監査委員会からの指針や経営者の包括的な領域の評価計画に対する責任者からの指針を含む）の聴取も含めるべきである。

付章III

モデル

　この付章に含まれるものは，すべての内部監査活動に必要な3つの高度なレベルのドキュメントである。これらは，「マネジメント・コントロール方針のモデル」「監査委員会規程のモデル」「内部監査活動規程のモデル」である。これらの3つは指針ではあるが，念入りに仕上げられ，使用者の必要に応じて修正されるであろう。最後に，内部監査活動の業績測定規準のリストを提示している。それは重要な測定規準のリストであるが，確かにすべてを網羅するというわけではない。このような測定はすべての内部監査活動において検討されるべきであり，有用な関連のある測定規準は内部監査活動の品質保証プログラムの一部に取り入れて，割り当てられるべきである。

マネジメント・コントロール方針のモデル

1. 「XYZ社」の経営者は，取締役会に以下のことについて合理的な保証を提供するように，自社の業務をコントロールする目標に関するプロセスについてのネットワークを確立する責任を負っている。
   ・組織体の内部あるいは組織体の外部から公表されたデータおよび情報は，正確であり，信頼のできるものであり，適時であること。
   ・取締役，役員，そして従業員の行為が，組織体の方針，基準，計画，手続ならびに関連のあるすべての法律，規則を遵守していること。
   ・組織体の資源（組織体の人員，システム，データベース／情報のベース，および被監査部門ののれんを含む）が適切に保護されていること。
   ・資源は経済的に取得され，有益に使用されていること；品質の高いビジネ

ス・プロセスおよび継続的改善が強調されていること。
・組織体の計画，プログラム，ゴールおよび目標が達成されていること。

　コントロールすることは経営者の一つの職能であり，業務管理プロセス全体の統合された部分である。例えば，以下に述べることに対しては，組織体のすべてのレベルの管理者に責任がある。

・特定の業務範囲に関連する損失に対するエクスポージャーを識別し，評価すること。
・識別されたエクスポージャーに関係するリスクを最小化，軽減，あるいは制限するためによく利用されてきた方針，計画，業務基準，手続，システム，および他の規律を特定化し，確立すること。
・取締役，役員，および従業員が，前述したパラグラフ（ツール17，B，1－5を参照）で概説した5つのコントロール目標を達成する方法で，自らの義務と責任を履行することを要求しかつ助長する，実践的なコントロールを行うプロセスを特定化し，確立すること。
・確立されたコントロールの実施プロセスの有効性を維持し，そのプロセスに対する継続的な改善を促進すること。

2．内部監査活動は，企業のいたるところで，業務をコントロールするために進行しているプロセスが適切に確立され，有効的な方法で機能しているかについて検証する責任を担っている。内部監査は，また，企業の内部統制システムの妥当性と有効性に関して，経営者と取締役会の監査委員会へ報告する責任を有しており，加えて，システム改善のアイディアや助言および勧告を行う。

3．監査委員会は，組織体の業務をコントロールするプロセスに関連する義務と責任を有する，経営者，内部監査活動，および外部監査人の責任と義務に関して，モニタリングし，監督し，評価する責任を担っている。監査委員会はまた，内部監査活動，外部監査人，および他の外部のアドバイザー

が報告した主要な問題すべてが納得のいくように解決されたかどうかについて判断する責任を担っている。さらには，監査委員会は，組織体をコントロールするプロセスに関係する重要な問題すべてを取締役会のメンバー全員に報告する責任を有している。

監査委員会規程のモデル

目　的

　当委員会の目的は，財務報告プロセス，財務報告にかかわる内部統制システム，監査プロセス，および法律や規則や行為規程の遵守状況に関して企業のモニタリング・プロセスを監視する責任を有する取締役会の責任履行を支援することにある。

権　限

　当委員会は，いかなる問題に対しても，自らの責任の範囲内で，調査の実施権限を有し，その調査権限を委譲している。それは以下のとおりである。
・調査を実施するにあたり，監査委員会に助言するあるいは支援を行う，外部の弁護士，会計士あるいは他の者を雇用する。
・監査委員会が要求する場合いかなる情報であっても従業員－監査委員会の要求に協力するよう求められている者すべて－あるいは外部機関から入手する。
・必要に応じて，企業の役員，外部監査人，あるいは外部の弁護士と会見する。

構　成

　当委員会は最低3名以上のものから構成されるものとし，取締役会のメンバー6名を超えてはならない。取締役会あるいは指名委員会は当委員会のメンバーおよび当委員会委員長を任命する。

各メンバーは，適用される規則および取締役会で定義されているように，独立性を維持しかつ財務的知識を有する者でなければならない。少なくとも1名は財務報告の専門的知識を有する者でなければならない。

会　議

当委員会は少なくとも年に4回会議を開催し，状況に応じて臨時の会議を召集する権限を有する。すべてのメンバーは，各会議に本人が出席するか，あるいは遠隔地間会議またはテレビ会議を通して参加するよう期待されている。当委員会は必要に応じて会議に出席して適切な情報を提供するために，経営者のメンバー，監査人，その他の者を召集する。監査人（以下を参照）および執行役員との私的な会合をもつ。議案は適切に要約した資料とともに作成し，事前にメンバーに配布する。議事録を作成する。

責　任

当委員会は以下のような責任を履行するものとする。

財務諸表

- 複雑な取引あるいは臨時の取引，高度な判断を要求される領域，および最近のプロフェッショナルの意見書や規制要件を含んだ，重要な会計および報告問題をレビューし，財務諸表への影響を理解する。
- いかなる遭遇した困難も含めた監査の結果を，経営者と外部監査人とともにレビューする。
- 年次財務諸表をレビューし，財務諸表が完全であるか，当査委員会のメンバーに通知されている情報と財務諸表が首尾一貫しているか，適切な会計原則を反映しているかどうかについて検討する。
- 公表する前に，年次報告書の他の部分および関連する規則に合致した提出書類をレビューし，情報の正確性および完全性を検討する。
- 一般に認められた監査**基準**で監査委員会に伝達するよう要求されているすべての事項を経営者および外部監査人とともにレビューする。
- 経営者がどのように中間財務情報を作成するのか，および内部監査人と外

部監査人の関与の性質とその範囲を理解する。
- 監督官庁へ提出する前に，経営者と外部監査人とともに中間財務報告をレビューし，当該報告が完全であり，監査委員会のメンバーが通知されている情報と首尾一貫しているかどうかについて検討する。

内部統制

- 情報技術のセキュリティおよびコントロールも含めた，年次および中間財務報告にかかわる企業の内部統制の有効性を検討する。
- 内部監査人と外部監査人との財務報告にかかわる内部統制のレビュー範囲を理解する。そして経営者の回答とともに重要な発見事項および勧告に関する報告書を入手する。

内部監査

- 経営者およびCAE（内部監査担当役員）とともに，内部監査活動の規程，計画，活動，人事，および組織構造をレビューする。
- 十分な根拠のない制限または限定が無いことを確実にし，CAEの任命，交代あるいは解雇についてレビューし，同意する。
- 内部監査人協会の**内部監査の専門職的実施の基準**の遵守も含めた，内部監査活動の有効性をレビューする。
- 定期的に，監査委員会あるいは内部監査人が非公式に検討すべきであると考えるいかなる問題についても検討するため，個別にCAEと会見する。

外部監査

- 内部監査との監査業務の連携も含めた，外部監査人が提案した監査範囲とアプローチをレビューする。
- 外部監査人の監査結果をレビューし，監査人の選任および解任に関する最終的承認を行う。
- 非監査業務も含めた，外部監査人と企業との関係について，当該監査人からのステートメントを得て，当該監査人に企業との関係を聴取することにより，外部監査人の独立性をレビューし，確認する。

- 定期的に，監査委員会あるいは監査人が非公式に検討すべきであると考えるいかなる問題についても検討するため，個別に外部監査人と会見する。

コンプライアンス

- 法および規則の遵守についてのモニタリング・システムの有効性と経営者の調査結果をレビューし，非遵守の事項についてはいかなる場合もフォロ・アップする。(懲戒行為も含む)
- 監督官庁による検査や監査人の観察によるいかなる発見事項もレビューする。
- 企業の従業員に対する行為規程を伝達するプロセスに加えて，コンプライアンスのモニタリング・プロセスをレビューする。
- コンプライアンスの問題に関して経営者と企業の顧問弁護士から定期的に最新情報を入手する。

報告責任

- 監査委員会の活動，問題および関連する改善勧告について取締役会に定期的に報告する。
- 内部監査人，外部監査人および取締役会とのコミュニケーションを図るための，オープンな場を提供する。
- 監査委員会の構成と責任，およびその責任がどのようにして履行されたのか，そして規則により要求されているその他の情報を記載し，株主に年に一度報告をする。
- 企業が公表している，監査委員会の責任に関係する，その他のいかなる報告書もレビューする。

その他の責任

- 取締役会が要求しているような，この監査委員会の規程に関連するその他の活動を実施する。
- 必要な場合には，特別調査を行い，それを監督する。
- 年に一度当該規程の妥当性をレビューし，評価し，取締役会に当委員会規

程の変更を提案し，その承認を要求する。
・当規程で概説されているすべての責任が履行されたことを年に一度確認する。
・定期的に委員会および各メンバーの業績を評価する。

内部監査活動規程のモデル

使命と業務範囲

　内部監査活動の使命は，組織体の運営に関し，価値を付加し，また改善するために計画された，独立にして，客観的な保証とコンサルティング業務を提供することにある。内部監査活動は，当該組織体の目標達成に役立つものである。このために，体系的手法と規律遵守の態度をもって，リスク管理，コントロール，組織体のガバナンス・プロセスの有効性を評価し改善する。

　内部監査活動の業務範囲は，組織体のリスク管理，コントロール，ガバナンス・プロセスのネットワークが，経営者が設定し示したように，妥当かどうか，そして以下のことを保証するように機能しているかどうかを判断することである。
・リスクは適切に識別されそして管理されていること。
・必要な場合にさまざまなガバナンス・グループとの相互作用がみられること。
・重要な財務情報，管理情報，業務情報が正確でかつ信頼のあるものであり，適時であること。
・従業員の行為は方針，基準，手続，および適用可能な法律や規則を遵守してなされていること。
・資源は経済的に取得し，能率的に使用され，適切に保護されていること。
・プログラム，計画，および目標は達成されていること。
・品質および継続的改善は組織体のコントロール・プロセスで促進されていること。

- 組織体に影響を与える重要な訴訟問題あるいは規則上の問題が認識され，適切に処理されていること。

マネジメント・コントロール，収益性，および組織体のイメージを改善する機会は，監査を通じて識別されるかもしれない。(その場合には) それらを適切な経営者に伝達する。

アカウンタビリティ

CAEは，自らの責務の履行するにあたり，以下のことについて経営者および監査委員会に説明しなければならない。

- 使命と業務範囲で設定された領域での活動をコントロールし，そのリスクを管理するための，組織体のプロセスの妥当性と有効性に関する評価を年に一度行う。
- 潜在的なプロセス改善も含めた，組織体やその系列会社の活動をコントロールするプロセスに関する重要な問題を報告し，分析を通じてこれらの問題に関係する情報を提供する。
- 年度の監査計画の状態および結果，また部門の資源の十分性について定期的に情報を提供する。
- 他のコントロールおよびモニタリング機能 (リスク管理，コンプライアンス，セキュリティ，法律，倫理，環境監査，外部監査) と調整し，かつ監視する。

独立性

内部監査活動の独立性を提供するために，内部監査活動の要員はCAEへ報告し，CAEは上述のアカウンタビリティのセクションで述べたように，機能上また管理上社長へ報告し，定期的に監査委員会へ報告する。監査委員会への報告には，内部監査部門の要員についての定期的な報告も含まれる。

責 任

CAEおよび内部監査活動のスタッフは以下に対する責任を担う。

- 経営者により識別されたあらゆるリスクあるいはコントロール関係を含ん

だ，適切なリスク指向的監査手法を用いた弾力的な年度の監査計画を策定し，レビューや承認を得るために当該監査計画を監査委員会に提出する。
・経営者や監査委員会からの要求される特別なタスクあるいはプロジェクトも含めた，承認を得た年度の監査計画を適切に実施する。
・当該規程の要件に該当する，十分な知識，技能，経験，プロフェッショナルな資格を有するプロフェッショナルな監査スタッフを維持する。
・CAEが内部監査活動の運営を保証している品質保証プログラムを策定する。
・内部監査活動の保証業務以外の，経営者を支援するための組織目標に対応するコンサルティング・サービスを実施する。コンサルティング・サービスの例には，業務促進，プロセス・デザイン，訓練，およびアドバイザリー・サービスが含まれる。
・組織体における重要な合併／統合の機能と，事業の開発，実施，および（または）拡大に伴う新しいまたは変更したサービス，プロセス，運営，およびコントロール・プロセスについて評価する。
・監査委員会および経営者に監査活動の結果を要約した報告書を定期的に提出する。
・監査委員会に現況を知らせ，良好な内部監査実務を維持する。
・内部監査の重要な測定規準でのゴールとその結果を監査委員会へ提供する。
・組織体内部での重要な不正の疑いがある事項の調査を支援し，その結果を経営者および監査委員会に報告する。
・組織体に対して，全般的に合理的な費用となる，適切な監査範囲を提供するために，外部監査人と監督官庁，およびそれらと同等な者の業務の範囲を検討する。

権　限

内部監査活動のCAEとそのスタッフは以下のことについての権限を付与されている。
・すべての機能，記録，財産，そして従業員に対して無制限にアクセスする。
・監査委員会と十分にかつ自由にアクセスする。
・監査資源を分配し，実施回数を設定し，監査対象を選択し，業務範囲を決

定し，そして監査の目標を達成させるのに必要な監査技術を適用する。
・監査実施に際し被監査部門の従業員から，組織体の内外からの他の特別な業務と同様に，必要な協力を得る。

内部監査部門のCAEとそのスタッフは以下のことについての権限を付与されていない。

・組織体あるいはその系列会社に対するなんらかの運営上の業務を執行すること。
・内部監査部門外部の会計処理を行なうか，あるいは認可すること。
・内部監査部門に配属されていない，組織体のいかなる従業員に対しても活動を指揮すること。ただし，組織体の従業員が，適切に監査チームに任命されたか，またはなんらかの他の形で内部監査人に協力する任務を割当てられた場合を除く。

内部監査の実施の基準

当社の内部監査活動は内部監査人協会の**内部監査の専門職的実施の基準**を遵守し，適応したものである。

内部監査担当役員　＿＿＿＿＿＿＿＿＿＿＿＿＿＿＿＿

最高経営責任者　＿＿＿＿＿＿＿＿＿＿＿＿＿＿＿＿

監査委員会委員長　＿＿＿＿＿＿＿＿＿＿＿＿＿＿＿＿

日　付　＿＿＿＿＿＿＿＿＿＿＿＿＿＿＿＿

内部監査活動の業績測定規準

　以下で挙げているものは，内部監査諸活動で追求されるであろう重要な業績測定規準である。

人的資源

- 監査の平均経験年数
- 監査人一人あたりの訓練時間
- 訓練計画の達成度
- スタッフの資格取得率
- 監査人の交代
- スタッフの他の部署への異動あるいは他の部署からの異動
- スタッフの満足度の調査

有効性

- バランスド・スコアカード
- 主要な監査発見事項／勧告数
- 改善勧告の受入件数の比率
- 監査の節減額
- 再度発見された事項数
- プロセスの改善された件数

品　質

- 経営者の要望件数
- 平均的な回答時間－経営者の要求に対する
- 被監査部門の満足度－調査による
- 監査に対する不満件数

費用・生産性

- 従業員1000人あたりの監査要員数
- 売上高あるいは資産総額100万ドルあたりの監査要員数
- スタッフの利用―直接利用時間対間接利用時間
- 監査人一人あたりの完了した監査件数
- 完了した監査件数対計画された監査件数
- 実際の所要時間対予定時間
- 節減された監査費用の部門予算での割合

報　告

- 公表された監査報告書の件数
- 所要時間―最初の会合からフィールドワークの完了まで
- 所要時間―フィールドワークの完了から最終報告書まで
- 「満足のいくものではない」と表明された監査意見数

付章IV

内部監査のための「ベスト・プラクティス」の例

　時代を超えて，多くの活動，手続，およびプロセスは展開されて，導入以降，大変成功したものもある。その後，プロフェッションにとって，「ベスト・プラクティス」と呼ばれるような，価値ある方法として一般に受け入れられるようになるまで，他の組織体が，それらの内部監査実務をしばしば変更し，利用してきている。以下では，検討のために，そのようなベスト・プラクティスの中のいくつかを取り挙げている。もちろん，以下に含まれていない成功例もある。

企業リスク評価の実施

　リスク評価の必要性は長らく認識されてきており，IIAの「内部監査の新しい定義」に含まれている。リスク評価の領域に極最近付け加えられたものは，企業リスクである。企業リスク管理は「組織体の戦略や財務目標の達成に影響するすべてのリスクを評価し，また対応するための，厳格かつ整合的なアプローチ」である。このことは上位のリスクおよび下位のリスクの双方に含まれる。

リスクとコントロールの自己評価（CSA）の利用

　この評価は，統制フレームワークにおけるリスクとコントロールの強さと弱点を評価するために監査で利用される技術であり，あるいは監査の代わりに利用される技術である。自己評価は評価プロセスでの経営者とスタッフの関与に帰するものであり，しばしば内部監査人により促進される。

COSOに基づく内部統制プロセスの利用

　トレッドウェイ委員会支援組織委員会（COSO）は1992年に**内部統制―統合フレームワーク**と題する報告書を公表した。COSOによれば「内部統制は，組織体の以下の３つのカテゴリーの目標達成に関して合理的保証を提供するために設定され，組織体の取締役会，経営者，およびその他従業員の影響を受けるプロセスであると広義に定義されている。３つのカテゴリーとは，業務の有効性および能率性，財務報告の信頼性，適用可能な法および規則への遵守性である。」これらの目標に加えて，COSOは，相互に関連する，内部統制の５つの構成要素を識別した。すなわち，１．統制環境。ここには誠実性，倫理的価値，および組織体の人員の能力を含んでいる。２．リスク評価。３．統制活動。４．情報および伝達。５．モニタリングである。これら５つの構成要素は，統合された内部統制システムを形成するために結合している。内部統制が組織体の目標のいずれのカテゴリーであっても有効であると結論づけるためには，５つのすべての構成要素が存在し，かつ機能していなければならない。

経営者との連携

　経営者と連携する機会の多くは適切である。ほとんど共通していることの一つが，リスク評価プロセスに，またおそらく年度監査計画に含めるために，各部門間の経営者からの意見を求めることである。レビューに先立ち，提案された監査を上手く被監査部門と共有し，監査の範囲についての示唆を得ることは，もう一つの経営者と連携する機会である。追加的に有り得る可能性はCAE（内部監査担当役員）に助言するために，各部門間の委員会を設置することである。

実務におけるコーポレート・ガバナンス概念の統合（付章Ⅱを参照）

　組織体のガバナンス・プロセスには４つの大きなグループがある。１．監視グループ。これは取締役会と組織体の委員から成る。２．ステュワードシップ・

グループ。これは上級経営者である。3．実施グループ。これは業務および支援単位の管理者とそのスタッフから構成される。4．保証グループ。内部監査活動がここに含まれる。

内部監査活動は，以下に挙げる4つの評価／改善プロセスにより，組織体のガバナンス・プロセスに貢献すべきである。1．価値および目標が確立され，勧告されている。2．ゴールの達成が監視されている。3．アカウンタビリティが履行されている。4．価値が維持されている（**基準2130**を参照）。

スタッフの業績向上

スタッフの業績向上は教育と訓練により達成されるであろう。コンピュータ活用監査ツール（CAATS）の導入は監査人の生産性を向上させることができる。目標を引き上げることや業績測定規準を導入することもまた，スタッフの業績向上を促進するのに役立つ。

より有効なコミュニケーション

より有効なコミュニケーションは，適切な執行役員のコメントの要約を付した，明瞭で簡潔な文章で記載された，使いやすい報告書様式を用いることにより図られる。監査委員会および上級経営者へ監査の中間で監査結果を要約した報告を行うことは優れた技術である。内部監査機能に関して，小冊子で伝達するか，あるいはイントラネットを使い伝達すると効果的である。また大事なことは適切な内部監査活動規程を採用することである。

個人およびプロフェッショナルとしてのスタッフの専門的能力向上

ほとんどの内部監査活動は大学の学士号あるいはビジネススクールにおける学位を含む能力を必要とする。大学の学士は奨励されている。加えて，最善の内部監査活動は，スタッフがCIA，CPA，CISAを含むその他の資格を取得し，資格での釣り合いを図ろうと努力することである。しばしば監査人一人あたり

の訓練時間の目標が年間80時間というのがみうけられる。この時間は主として監査の訓練にあてられているが，一般ビジネスおよび情報技術（IT）の訓練，また他の分野での訓練も含まれている。継続的専門教育は，プロフェッションの変化に対応していくために，また被監査部門に対して価値を提供するために，スタッフにとって重要である。

スタッフの能率を向上させるためのさらなる技術の利用

効果的に技術を利用するために，最初の段階は，必要とされる情報技術に関する資格を取得した者を内部監査活動に配属しておくことである。継続的専門教育は技能レベルに到達できるように求められている。情報システム監査人に要求されるツールには，データの抽出と分析，不正の防止／摘発，ネットワークのセキュリティ評価，自動化された監査調書，そして電子商取引上のコントロール等のソフトウェア・パッケージが含まれる。加えて，しばしば特定のタスクを達成するために，監査人のために，あるいは監査人により，コンピュータ監査支援ツールが開発されている。

保証機能の確立

IIAの内部監査に関する新しい定義は次の言葉で始まる。すなわち，「内部監査は独立にして，客観的な保証，およびコンサルティング活動…」である。改訂されたIIA基準の，用語のセクションでは，保証業務は次のように定義されている。すなわち，「組織体のリスク管理，コントロール，またはガバナンス・プロセスにかかわる独立な評価の基礎となる証拠の客観的な検査。例として，財務，業績，コンプライアンス，システム・セキュリティおよび不正などに関する業務などがある。」保証業務を提供するためには，内部監査活動は資源を識別し，特別な訓練を実施する必要があろう。保証業務における責任には，内部監査活動のすべてをカバーする品質保証プログラムの開発と維持，およびそれらのプログラムの有効性についての継続的なモニタリングが含まれる。モニタリング・プロセスには内部評価および外部評価の双方を含むべきである。

コンサルティング業務の提供

IIAの内部監査に関する新しい定義は次の言葉で始まる。すなわち,「内部監査は独立にして,客観的な保証,およびコンサルティング活動…」である。コンサルティング業務に関する業務基準は現在公表されている。コンサルティング業務は,内部監査における保証業務を超えた業務の範囲を含み,組織体の目標に適合するよう,経営者を支援するためになされるものである。その業務の性質と業務範囲は,内部監査人と監査対象者間の同意により特定化される。例としては,業務促進,プロセス・デザイン,業績向上,訓練その他アドバイザリー・サービスである。

環境監査のような新しい領域での監査への指導

内部監査諸活動のほとんどは,組織体の目標達成に役立つように――リスク管理,コントロール,およびガバナンス・プロセスの有効性を評価／改善するために,体系的手法と規律遵守の態度をもち――内部監査規程にある広範囲な権限を有している。その責務を履行するにあたっては,内部監査活動は,組織体の業務の関連する部分すべてを検査しなければならない。内部監査活動の責務の遂行には多くの専門分野にわたる技能を有した,内部監査の経験者が必要である。大企業では,内部監査活動の専属スタッフにこのような経験者を加えることは可能である。また,組織体の規模に関係しない方法として,業務継続のために,組織体のあらゆる部署から人員（監査人を除く）を借りてくることがある。さらに別の方法として,特定の機能を共有すること,あるいは外部の専門家との共同による監査を行うことがある。必要とされる訓練には,情報技術,環境,技術,法律,品質管理,および自己評価が含まれる。

業績測定規準の利用

本マニュアルの付章Ⅲでは,内部監査の業績測定規準の一覧表を載せている。

もちろん、その他にも考慮すべき規準は多くある。内部監査活動の年間目標策定のために、取締役会（監査委員会）および上級経営者への説明のために、また、近い将来、タスクを効果的に執行するために、内部監査の業績測定規準は役立つ。

　最も重要な業績測定規準の一つが現場での業務完了から最終報告書公表までの所要時間を測定する「サイクル・タイム」である。組織体の多くでは、サイクル・タイムが6ヶ月かあるいはそれ以上の時間を要する監査もあるであろう。監査対象者はこのサイクル・タイムよりもよい業務を行うことのほうに価値がある。解決されねばならない問題があまりにも長く未解決のまま残されているために、監査対象者はもはやレビューの詳細を思い出すことはできず、また従業員の異動が発生しているかもしれない。

　受け入れられた改善勧告件数はもうひとつの重要な業績測定規準である。もしその件数が多いのであれば、そのことは業務の遂行過程でのコミュニケーションが良好であったこと、および監査人の業務に対して監査対象者が満足していることを示している。

　各内部監査活動は内部監査業務の有効性、品質、生産性を引き出すために、このような業績測定規準を10項目まで選択すべきである。

ツール1

準備および計画策定プログラム

手続

	監査調書との照合	イニシャル／日付

A．自己調査書（ツール2）を受け取る前に，以下の項目を実施して下さい。
　1．CAE（内部監査担当役員）との討議を通じた，内部監査部門に関する学習
　2．現地訪問のための仮スケジュールの確認
　3．CAEと共同した仮のチーム・メンバーのレビュー
　4．予備的訪問日の設定

B．CAEから自己調査書を受け取った後，以下の項目を実施するため，予備的会合をもって下さい。
　1．内部監査部門スタッフとの会合およびレビュー・プロセスの討議
　2．インタビュー対象者の選択およびCAEがインタビューのスケジュールを組むような要請
　3．監査対象者調査を受ける人の選択および秘密調査書の送付
　4．レビューを受けるべき監査調書の代表サンプルの選択のための予備的業務の実施
　5．適当な場合における訪問するための監査領域内の事務所の選択
　6．内部監査部門の方針および手続の習熟

C．チーム・トレーニングの準備をして下さい。チーム・トレーニングは，3つの目的に役立ちます。それらは，（1）QARプロセスをチームに習熟させること，（2）自己調査書をレビューすること，ならびに（3）あなたとチームの観察事項を討議し，仮の担当割を決めることです。一般にトレーニングは，実際の業務が実施される前に，現地（対象者がいる都市のホテル）で日曜日に実施されます。

ツール2

品質評価のための自己調査書

組織体名 _____ 作成日 _____

作成上の諸注意

- 本自己調査が**外部品質評価（QA）**のためである場合，外部QAの範囲と目標に関する質問，情報の要請，および評価コメントの要請のすべてに応えて下さい。また，そうした範囲と目標に関するすべての要請されたドキュメンテーションを添付して下さい。これら文書があまりにも膨大で扱いにくいか添付するのに利用可能な形となっていない場合，それらが現時点のものであることと，予定された予備的訪問日以前にQAチーム責任者が利用することができるようになることを保証して下さい。

- 本自己評価が**内部品質評価**または**独立の正当化を伴う自己評価**のためである場合，評価範囲と目標との関連で，すべての質問，情報の要請，および評価コメントの要請を**勘案して下さい**。回答が，内部評価チームおよび（または）独立の正当化担当者の業務を促進させ，文書化するのに必要である範囲で，質問に答えて下さい。要請されたドキュメンテーションを添付するかまたは内部評価および正当化の段階でそれが必要なものとして利用できるよう保証して下さい。どのような情報とドキュメンテーションが内部評価および独立の正当化に必要となりそうかを判断する際，追加的なガイダンスのため，「内部監査の品質評価マニュアル」の第3章および第4章を参照して下さい。

- 簡潔な回答で十分なときは，添付資料の代わりに与えられたスペースに記載して下さい。提供した添付資料は，自己調査書に簡潔に記載し，分かるよう

に付箋を貼って下さい。要請された文書および（または）情報が自己調査書に添付されていない場合（すなわち，あまり適切ではないか，後から利用可能にするため），添付資料が求められた自己調査書にその旨を記載して下さい。
- CAE（内部監査担当役員）は，自己調査書の作成を委任してもかまいませんが，外部評価チームまたは独立の正当化担当者にそれを提出する前に，正確性および完全性についてレビューして下さい。

Ⅰ．組織体および環境

A．組織体のバックグラウンド

1．組織体の主たる活動を簡潔に記載するとともに直近の年次報告書のコピーを添付して下さい（添付資料1）。

2．当該組織体に関する要約情報を記載して下さい。

     概算従業員数　　　　----------------------
     営業所数　　　　　　----------------------
     主たる営業地域　　　--

     収益　　　　　　　　----------------------
     資産　　　　　　　　----------------------

B．リスク管理，ガバナンス，アカウンタビリティおよび監視

1．当該組織体における企業リスクを認識し，測定し，かつ管理するプロセスを記載して下さい。これまでに認識しているもっとも重大なリスクを挙げて下さい（添付資料2）。

2．当該組織体の戦略がどのように選択され，かつ目標がどのように設定され，測定され，報告されるかを記載し，管理者が設定された目標の達成にどのように責任を果たすかを示して下さい（添付資料3）。

3．当該組織体をコントロールする方針書のコピーを添付して下さい（例，マネジメント・コントロール・ポリシー，権限の委任状，アカウンタビリティに関する書類等）（添付資料4）。付章Ⅲ**品質評価マニュアル**にあるポリシーのひな型と比較し，計画済みまたは潜在的な変更点に関してコメントして下さい。

4．IA活動の優先順位，業務範囲および資源の活用が当該組織体の企業リスク管理のフレームワークとどの程度連携しているかを記載して下さい。当該組織体のゴールの達成に対してIA活動がどのように貢献しているかを記載して下さい（添付資料5）。提携を強化するためのIA活動の優先順位，範囲または資源の活用に対する潜在的または計画済みの変更点に関してコメントして下さい。

5．監査委員会の規程または当該組織体におけるIA活動およびその他のモニタリング機能を対象とした取締役会の監視に関する同様の文書のコピーを添付して下さい（添付資料6）。付章Ⅲにある監査委員会規程と本規程を比較し，現行の監査委員会規程がその責任を解除するため，監査委員会に対し，適切な権限，範囲，資源，情報およびマネジメントに対するアクセス権をどの程度与えているかに関してコメントして下さい。監査委員会の現行の規程に対する提案されたまたは潜在的な強化策についてコメントして下さい。

C．内部監査活動（IA活動）のバックグラウンド

1．CAEの氏名および肩書
2．IA活動の代表オフィスの名称（例えば，部門，オフィス，部局等）および所在地

3．内部監査活動の開始時期，過去10年間のCAEの交代状況，過去10年間の内部監査活動の拡張状況ならびに内部監査活動の報告経路，権限，業務範囲および内部組織の重要な変更点を含む内部監査活動の経緯を簡潔にまとめて下さい（添付資料7）。これら変更点がIA活動の有効性をどのように高めてきたかについてコメントして下さい。

4．CAEが組織管理上報告する相手の氏名および肩書

5．監査委員会委員長またはその他のIA活動監視担当取締役の氏名および住所

6．当該組織体の外部監査事務所の名称
7．外部監査の指揮者（例，関与パートナー）
8．外部監査事務所の担当オフィスの所在地および電話番号

D．内部監査実務環境（支援，権限および範囲を含む）

1．IA活動の配置を示す当該事業体の組織図を添付して下さい（添付資料8）。これが独立性，適切な役員との連絡，容易なコミュニケーション，支援および資源を保証する部局の最適な配置であるか否かに関してコメントして下さい。こうした分野における提案されたまたは潜在的な強化策についてコメントして下さい。

2．当該IA活動規程または同様の権威をもつ文書のコピーを添付して下さい（添付資料9）。本規程を付章ⅢにあるIA活動規程のひな型と比較し，IA活動が有効に機能するのに必要な独立性，アクセス，資源等を当該IA活動規程がどのように促進させているかについてコメントして下さい。当該IA活動規程に対する提案されたまたは潜在的な強化策について述べて下さい。

3．実務および手続マニュアルの目次のコピーを添付して下さい。可能な場合には，全文書をプロジェクト・マネージャーにのみ送付して下さい。注釈コメントまたは将来計画を提出して下さい。

4．IA活動は当該組織体のすべての分野で制限なくアクセスできますか。
　　　　　はい　_____　いいえ　_____
　もしそうでなければ，監査およびコンサルティング業務を実施するのに必要と思われる情報へのアクセスまたは適切な管理者および従業員へのアクセスに関するIA活動上の制限を記載して下さい（添付資料10）。

5．IA活動に従事するスタッフが客観的であるとすることを保証する手続（例えば，利害の対立を記載したステートメント，監査人のローテーション等）を記載して下さい。利害の対立またはCAEに対する先入観を報告する手続およびその後のそれらの扱いを記載して下さい（添付資料11）。

6．内部監査対象者に貢献するためのIA活動の理念，中心的価値，および使命／ゴール／目標を記載して下さい（添付資料12）。

7．IA活動が定期的にその業績を測定するための目標を記載し，経営者がIA活

動の業績をどのように評価しているかについて記載して下さい（添付資料13）。

8．IA活動の追加的ベスト・プラクティスを挙げ（添付資料14），こうした実務がIA活動の有効性をどのように高めているかを示して下さい。さらに大きな価値を付加し，および（または）有効性を高めると思われる提案されたまたは潜在的な追加的実務についてコメントして下さい。IA活動が実行を計画していない実務がある場合（またはそうすることを妨げられている場合），その理由およびそれらを実行しないとする意思決定の潜在的なインパクトについて討議して下さい。

9．IA活動以外の監視／モニタリングの実施単位を挙げて下さい。それらの権限，範囲および機能（例えば，安全性，環境，評価，セキュリティ，調査，プロセス改善およびその他のコンプライアンス／コンサルティング活動）を記載して下さい（添付資料15）。(a)IA活動と区別することが全般的な有効性にどのようなインパクトを与えているか，(b)それらが上級経営者，取締役会，ならびにその他のガバナンス責任およびアカウンタビリティとどのように結びつくか，(c)区別することがリスク管理，マネジメント・コントロール，能率性または資源活用に対しどのようなインパクトを与えているか，ならびに(d)こうした機能（そのうちのいくつか）を結合することに対する潜在的な可能性と近い将来これが計画されるか否かについてコメントして下さい。

E．IA活動と上級経営者および取締役会（監査委員会）の関係

1．CAEと上級経営者の相互関係を記載して下さい。これには戦略および情報技術計画の策定に関する経営者会議，定期的な経営者とのブリーフィング等を含むものとします（添付資料16）。

2．上級経営者および取締役会（監査委員会）は，IA活動の業務に関する情報をどのように継続的に受け取っているかについて記載して下さい（添付資料17）。その記載には，どの程度の頻度でCAEは彼らとの会議を予定しているか，そうした会議の参加者，典型的な議題は何か，どの程度の頻度で上級経営者と取締役会はステータス・レポートを受け取っているか等を含むものとします。追加的な公式または非公式の接触についてコメントして下さい。

Ⅱ．IA活動の管理

1．リスク評価および業務計画の策定に関して簡潔に記載して下さい（添付資料18）。IA活動の保証領域／コンサルティング領域がどのように決定されるか，および計画策定が以下の事項をどのように考慮すべきかについて討議して下さい。
・IA活動のリスク評価および業務計画の策定を組織体の戦略計画，目標および企業リスクのフレームワークと連携させること
・情報技術計画，現行システム，開発中のものおよび情報技術マネジメントの問題
・マネジメント・コントロール環境およびアカウンタビリティ・プロセス
・経営者の計画，関心事，優先事項等に関するマネジメント情報
・潜在的なパートナーを組む機会およびその他付加価値活動
・権限の付与，対象者との共同成果，選択された外部委託，自己評価の促進等を通じたIA資源の投入機会に加えて，必要なスタッフ配置数／スキル
・IA活動の対象領域を適切な対象範囲とする長期業務計画

2．以下の文書のコピーを添付して下さい。
・当期の現状に対する業務計画，それには現在進行中の業務ならびに完了した業務の詳細および発行した報告書を含むこと（添付資料19）
・前期の状況に対する業務計画，それには完了した業務の詳細および発行し

た報告書を含むこと（添付資料20）
・当期のIA活動の財務予算と実際費消額を比較したもの（添付資料21）
・前期のIA活動の財務予算と実際費消額を比較したもの（添付資料22）

（注：こうした報告書は，IA活動の管理情報ならびに上級経営者および取締役会への報告書の一部として利用されなければなりません。それらは，業務の種類，対象者の氏名，担当スタッフ，所要予定時間，開始状況，完了状況および報告書発行日等に関する情報を記載していなければなりません。そうでない場合，IA活動はこの評価プロジェクトのため特別にそれらを準備すべきではありませんが，外部評価チームまたは正当化担当者によって現場ですぐにレビューを受けることのできる形で利用可能な関連情報をもっていなければなりません。）

3．以下の種類の保証およびコンサルティング活動のそれぞれに対して適用されたIA活動のスタッフ・タイムおよび（外部委託された）契約業務の割合を示して下さい（注意すべきことは，IA活動の計時システムがこの方法による時間の分類を容易にしていない場合には，概算して下さい――また，IA活動のシステムに基づいた個別分類を示して下さい。IA活動の計時／時間管理システムは，評価チーム／正当化担当者が現場訪問をしている間にレビューを受けることになるでしょう）。

	割合
業務，プログラムまたはプロジェクトの結果，これには目標の遂行および資源の有効活用を含むものとする	----------
財務および営業に関する情報の信頼性と完全性	----------
ポリシー，法令，規則および倫理基準の遵守	----------
資産の保全，盗難の防止および不正摘発の方法	----------
情報技術および情報システム監査のマネジメント	----------
プロセス改善および関連コンサルティング活動	----------
その他生産的時間（記述すること）	----------
教育訓練，休暇，病欠，一般管理業務およびその他「非課業」	----------
計	100％

4．IA活動と当該組織体の外部監査人との関係について記載して下さい。それには監査業務の調整，監査領域および年度計画の相互レビュー，IA活動の業務に対する依存性，スタッフの出向または交代，共同教育訓練，共同監査業務，方法論やツールの適合性，報告書の分担，および改善手段のフォロ・アップを含むものとする（添付資料23）。

5．レベルと種類で分類したIA活動のスタッフのリストを記載して下さい。そこにはIA活動および過去の経験時間数を表示して下さい（添付資料24）。IA活動の組織図，服務規程，スキルと要件を示す記録，スタッフの資格，スタッフの出身部署，不在ポスト，外部サービスの利用，最近の採用状況およびスタッフの再就職の斡旋状況を後にレビューできるようにして下さい。

6．IA活動のスタッフ教育の方針およびプログラムを記載して下さい。それらには当該組織体におけるマネジメントに関する教育訓練の一部としてのIA活動とその他スタッフ・ローテーション・プログラムの利用についても含むものとする（添付資料25）。内部および外部のスタッフ教育訓練コース，スタッフの業績評価およびキャリア・プランニング，スタッフ調査ならびに関連記録を後にレビューできるようにして下さい。

7．独立した保証およびコンサルティング業務のためのIA活動の計画，管理，監督，伝達結果および改善手段のフォロ・アップを簡潔に記載して下さい（かつ後からレビューに利用できるように詳細な情報を集めて下さい）（添付資料26）。

8．IA活動の品質改善プロセスを簡潔に記載して下さい（かつ文書化できるよう準備し，現場訪問の期間に詳細に討議して下さい）。そのプロセスには，内部品質評価，ベンチマーキング，測定規準，権限付与方針およびアカウンタビリティのメカニズムを含むものとする（添付資料27）。

ツール3

CAE（内部監査担当役員）質問書

質問
（あなたの所属する組織および内部監査活動に当てはまると思われる質問について，簡潔な記述形式で，関連する資料を添付して，回答するようお願いします。）

取締役会および経営者の監視

1. 当該組織体について，書面によるコントロール・ポリシーは存在しますか。あなたはそれが十分であると思いますか（例えば，企業リスク，権限と責任，マネジメント・コントロールおよびアカウンタビリティを対象としていますか）。
2. あなたは，取締役会（監査委員会）のIA活動に対する監視，期待，支援，および納得の程度に満足していますか。
3. 取締役会（監査委員会）は，IA活動に対する年度計画／予算策定に関与していますか。また，あなたは彼らの関与が十分であると思いますか。
4. あなたは，取締役会への報告，および取締役との会合の方法と頻度が十分だと思いますか。
5. あなたは，執行役員の期待，支援，および納得の程度に満足していますか。
6. あなたは，部門の年度計画策定／予算策定に対する経営者の関与は十分だと思いますか。あなたは，事業戦略，企業リスク，業務執行の有効性，パートナーを組む機会への取り組み，およびコンサルティング・プロジェクトの潜在的な可能性に関して十分な情報を入手していますか。
7. 最上級役員との会合の性質，頻度および内容は十分なものですか。
8. 組織体におけるあなたの地位は，戦略策定会議，その他役員会への参画，および適時なコミュニケーションをとることを通じて広く認知されていますか。

規程および監査実務環境

9. IA規程は，IA活動の使命，ならびにあなたと取締役会（監査委員会）および上級経営者との相互関係を格調高く規定し，正式な承認を得ていますか。
10. 当該規程は，当該組織体および**IIA基準**における重要な変更を考慮したうえで，最新かつ適切でありますか。
11. 当該規程は，IA活動の十分な役割，権限および業務範囲を設定し，かつ記録，情報，各地域および従業員に対する無制限なアクセスを規定していますか。
12. IA活動内の環境，文化および権限付与が，適切な頻度のコンタクト，質の高い業務，およびパートナーとしての関係を提供することによって，顧客指向を促進させていますか。
13. IA活動は，プロフェッショナリズムや継続的改善という他と区別できる文化を育んでいますか。
14. スタッフは，伝統的監査活動を越えた業務提供の機会のときと同様に，企業リスク，コーポレート・ガバナンス，ビジネス・ゴール，および目標について自覚および理解を示していますか。

計画策定

15. IA活動の年度およびより長期的計画に結びつくための体系的な方法において評価される企業リスク，マネジメント・コントロール，およびアカウンタビリティに対する監査領域が存在していますか。
16. 組織体のリスク・フレームワーク，戦略的ビジネス計画，および情報技術計画はすべて計画策定プロセスにおいて用いられましたか。
17. 情報技術を監査するためのIA活動のアプローチに十分な注意が払われましたか。
18. IA活動による広範かつ生産的な技術の利用の必要性が考慮されましたか。
19. 資金調達，スタッフの構成とスキル，技術，およびその他の資源は，計画を遂行するのに十分でしたか。
20. 計画された業務は，リスク，コントロール目標，方針・計画・法律および

規則への遵守，情報の信頼性／誠実性，資産の保全，資源の有効活用，および業務執行／プログラムの目標／ゴールの達成に関する適切な説明を含んでいますか。

組織構築

21. 組織体の構造はIA活動の使命／ゴールの達成を促進していますか。
22. あなたの方針，手続，および実務は，使命／ゴールの達成に貢献するものですか。
23. 適格性モデル（業務内容書），業績基準またはその他の手段は，スタッフに対する期待およびアカウンタビリティを明確にするために用いられていますか。

スタッフ配置

24. あなたは，ビジョン，ゴールおよび目標に対するスタッフの理解は十分であると思いますか。
25. IA活動の人員補充および教育方針とその実務は，情報技術スキルに対し特に注意を払って，必要な人数とスキル構成を提供していますか。
26. スタッフの見解は，経営および監査方針／計画策定の協議のために求められ，かつ考慮されていますか。
27. 監督実務が，監査後のレビューに信頼をおくよりもむしろ監査期間中の監査対象範囲といった領域における権限付与とアカウンタビリティを改善するようスタッフを支援していますか。
28. IA活動は，組織体にとって経営資源としてIAを利用することで，役員教育，ローテーションまたはそれと同様のプログラムに関与していますか。
29. 監査人は，IIAの**基準**および**倫理綱要**を遵守していますか。

指揮および調整

30. 監査計画策定手続およびコントロールの評価は，重要な対象範囲を保証するための／重要なビジネス・プロセスに焦点をあてるための当該組織体のリスクおよびコントロール・プロセスを理解するのに用いられていますか。

31. 個々の監査業務の範囲は，年度計画策定プロセスにおいて立案されたより広範な目標を満足させるものですか。
32. ビジネス・プロセスの監査は，経営者にとって価値を付加する結果のため，すべての重要なリスクおよびコントロール手段を評価するよう設計され，実施されていますか。
33. 監査およびコンサルティング業務において明らかにされた問題点は，適時に報告されていますか。
34. あなたの報告書は，経営者のコメントを勘案し，かつリスク管理とビジネス・プロセスの改善に焦点を当て，経営者に最も効果的に提供する方法で問題点を表示していますか。
35. IA活動によってとられたフォロ・アップ措置は，経営者の是正措置が実際に期待される結果に達しているか否かを適時に判断していますか。
36. IA活動の業務は，外部監査人と十分に調整されていますか。これには，調整済みのフォロ・アップだけでなく，分担計画，教育訓練，監査報告書，および監査調書が含まれていますか。
37. あなたは，外部監査人があなたの業務に依拠している程度は十分だと思いますか。

品質／プロセス改善

38. 以下の領域において，現在進行中かまたは近い将来計画されている重要な品質／プロセス改善措置はどのようなものですか。
    - 内部監査対象者との関係（例えば，パートナーを組むこと，自己評価およびマネジメント・プロセスに関するコンサルティング）
    - 監査サイクル時間の削減（例えば，監査計画策定および監査結果に対する対象者の早期かつ頻繁な関与，報告およびフォロ・アップの間隔を短くすること，および監査手続の合理化）
    - スタッフと内部監査対象者への権限付与（例えば，自己レビューとアカウンタビリティ，組織構造の水平化と監督時間の削減，およびチーム監査）
    - 新技術およびその他の監査テクニックに対する向上策
    - その他の領域――その他の品質プロセスと「ベスト・プラクティス」を記

載して下さい。
39. IA活動の内部レビューおよび品質評価プログラムを記載して下さい。外部評価は実施していますか。最近はどうなっていますか。

ツール4

監査対象者調査書

CAE殿：

　同封したものは，添付する書簡例も加えた品質評価（QA）のための情報を得るため監査対象者に送付すべき監査対象者調査書のひな形です。これら2つの文書をレビューした後，当該組織体がQAプロセスから最大限のベネフィットを享受するようにそれらを特定の個人に振り分けるようお勧めします。

　機密であることが最優先事項ですが，以前の対象者から，業務地域が複数含まれている場合，または作業グループ，例えばすべての役員，による要約を望む場合，当該調査を「コード化」することが有用であることが判明いたしました。調査書に記号や数字を記入することにより，各カテゴリーに要約でき，かつ全体的な要約を提供することが可能です。任意の電子機器によるバージョンが利用される場合，電子メール・アドレスを知らせる際にグルーピングを通知して下さい。

　この調査書および（または）カバーレターを修正しようと決めた場合，受領者が通常選択され，かつ調査書が現地訪問日以前に十分に配布されるようにできるだけ早く通知して下さい。このことは，回答を得て，かつ評価に先立って利用可能な統計資料を蓄積するための時間的余裕を与えることになります。われわれはQAの初日のうちにあなたに当該調査の結果を提供することになるでしょう。また，比較のためすべての過去の監査対象者からの要約も提供するでしょう。

カバーレター，調査書およびビジネス回答用封筒は，あなたが調査に含みたいと考えているすべての監査対象者へ配布するため，あなたのもとに送付されるでしょう。調査領域は広いほどよいでしょう。回答用封筒はIIA宛となっており，対象者によって直接品質監査サービス（QAS）に送付されるべきです。

調査書は電子機器を用いて配布することが可能です。実際，われわれはそれを推奨いたします。あなたは対象者に調査書を配布する必要があり，かつ彼らに対しそれに回答し，IIAのQAR@theiia.orgへ電子メールで送信するよう依頼しなければなりません。

注意しなければならないことは，われわれは，監査対象者が現場訪問初日から2週間前までに，われわれの事務所に回答するよう求めていることです。

敬具

内部監査人協会
QAS

監査対象者調査書に添付する書簡例

依頼人：

宛　先：

日　付：

XYZ社における内部監査活動は，内部監査人協会（IIA）による品質評価（QA）を受けております。QAの目的は，当該活動の能率性と有効性を評価する

こと；内部監査活動のパフォーマンスを改善するため，機会を識別し，アイデアと助言を提供すること；および**内部監査の専門職的実施の基準**に当該活動が準拠しているかどうかについて意見を述べることにあります。QAチームは，XYZ社の内部監査機能に関する改善勧告を行うでしょう。同封された調査に対する率直な回答が，強みを評価し，改善すべき領域を識別するようQAチームを支援することになるでしょう。

　この質問書は選択されたサンプルに送付されているので，コメントは**オリジナル**な回答書式で返信して下さい。その結果，私どもは，サンプルの完全性を保つことができます。もちろん，オリジナルな回答書式に関するスタッフのコメントを併記してもかまいません。回答が終わったら，期日までに調査書を同封の返信用封筒に入れてIIAに返送して下さい。回答は完全に秘密にされます。特定の回答が識別されることのないようにした上で，回答の要約がXYZ社の内部監査マネジメントと共有されることになります。

　（それが適当な場合，上述の文章の代わりに以下の文章を差し替えることは任意である。）

　この質問書は選択されたサンプルに電子的に送付されているので，コメントは**オリジナル**な回答書式に電子的に回答して下さい。その結果，私どもは，サンプルの完全性を保つことができます。もちろん，あなたの回答にスタッフのコメントを併記してもかまいません。回答が終わったら，期日までにIIAのQAR@theiia.orgまで直接回答結果を送信して下さい。回答は完全に秘密にされます。特定の回答が識別されることのないようにした上で，回答の要約がXYZ社の内部監査マネジメントと共有されることになります。

　あなたの建設的なコメントに感謝いたします。

CAEの氏名
肩書
所属組織体名

内部監査活動：監査対象者調査書

以下の領域におけるXYZ社での内部監査活動を評価して下さい。質問に回答できない場合，その質問に単に線を引いて下さい。回答1件につき，○を1つだけつけて下さい。

評価規準

注：4＝優，3＝良，2＝可，1＝不可

経営者との関係

1．マネジメント・チームの貴重なメンバーとしての内部監査	4 3 2 1
2．活動が妨害されないことを確保し，内部監査目標を達成するための内部監査機能の組織上の配置	4 3 2 1
3．監査人は，監査を実施するため記録，情報，地域，および従業員に自由かつ無制限にアクセスしている。	4 3 2 1
4．内部監査活動は，質の高い業務を提供することによって顧客指向を促進している。	4 3 2 1

監査スタッフ

5．内部監査人の客観性	4 3 2 1
6．監査人のプロフェッショナリズム	4 3 2 1
7．ビジネス・プロセス／成功要因に関する知識	4 3 2 1
8．監査人と貴部門との関係および結びつきの質	4 3 2 1

監査業務範囲

9．監査の重要な業務範囲の選択	4 3 2 1
10．監査目的および対象範囲に関するあなたへの事前監査通知	4 3 2 1
11．提案した領域を監査へ組み込むこと	4 3 2 1

監査プロセスおよび報告

12. 監査期間中に発生した問題に関するフィードバック	4 3 2 1
13. 監査の継続期間	4 3 2 1
14. 監査報告書の適時性	4 3 2 1
15. 監査発見事項の正確性	4 3 2 1
16. 監査報告書の明瞭性	4 3 2 1
17. ビジネス・プロセスおよびコントロールズの改善における監査の有用性	4 3 2 1
18. 是正措置に関する内部監査フォロ・アップ	4 3 2 1

内部監査活動の管理

19. 内部監査活動の目的の理解	4 3 2 1
20. 内部監査管理の有効性	4 3 2 1
21. 業務部門および（または）業務部門から次の異動のために実施されるスタッフ育成の質	4 3 2 1

価値の付加

22. リスク評価における経営者への支援	4 3 2 1
23. コントロールの問題に関する経営者とのパートナーシップ	4 3 2 1
24. コーポレート・ガバナンスに対するインパクトの程度	4 3 2 1

25. 監査および（または）コンサルティングといったその他の監査サービスに関して特に好ましいと思うものはありますか（監査の対象領域として取り込むべきだと思う新規または現存の領域および（または）提供されたコンサルティング業務または有用と思われるものを含むものとします）。

------

26. 監査またはその他の監査サービスについて特に好ましくないものはありますか（監査を少なくすべきと思う領域および（または）監査業務の改善案を

含むものとします)。

----

27. 特に内部監査活動がXYZ社にうまく価値を付加している方法は何ですか。

----

28. 追加コメント

署名(任意)： ---

ツール5

内部監査活動スタッフ調査書

日付

宛先：内部監査活動スタッフ（これは書面または電子メールで送付されます）

　われわれの活動は，内部監査人協会からの品質評価（QA）を受けることになるでしょう。QAの目標は以下の通りです：

1. (a)内部監査活動の規程，(b)監査委員会，上級経営者，およびCAE（内部監査担当役員）の期待，ならびに(c)現在のニーズ，有効な水準以下で実施されることでリスクにさらされている部分，または失敗，組織体の将来の方向性およびゴールに照らして，当該内部監査活動の能率性と有効性を評価すること。
2. スタッフの業績と内部監査活動の業績を改善し，経営者と監査委員会に価値を付加し，組織体における内部監査のイメージ，認知および信頼性を向上するため，CAEおよびスタッフに対し機会を識別し，アイデアを提供すること。
3. 当該活動が**内部監査の専門職的実施の基準**に準拠しているかどうかについて意見を述べること。

　同封したものは内部監査活動スタッフ調査書です。われわれはいくつかの個人およびグループ・インタビューを実施する計画ですが，すべてのスタッフからフィードバックを受けたいと思っております。同封の調査書に対する率直な回答が，強みを評価し，改善すべき領域を識別するようレビュー・チームを支

援することになるでしょう。回答が終わったら，期日までに調査書を同封の返信用封筒に入れてIIAに返送して下さい。[**任意事項**：この調査書をIIAのQAR@theiia.orgへ電子メールで送信して下さい。] 回答は完全に秘密にされます。特定の回答が識別されることのないようにした上で，回答の要約がXYZ社の内部監査マネジメントと共有されることになります。

あなたの建設的なコメントに感謝いたします。

CAEの氏名
肩書

XYZ社－内部監査活動：スタッフ調査書

以下の領域における内部監査活動を評価して下さい。セクションⅠでは，職務上重要と思う領域を評価して下さい。セクションⅡおよびⅢでは，当該活動がそうした領域であなたに適当な機会を提供しているかどうかを評価して下さい。質問に回答できない場合，それに単に線を引いて下さい。回答1件につき，○を1つだけつけて下さい。

評価規準　　　　　　　　　　　　　　　　　　　　　　高　　低

Ⅰ．業務を実施するための知識／スキルに関する監査人にとっての重要性の評価
  1．監査委員会の期待　　　　　　　　　　　　　　4 3 2 1
  2．経営者の期待　　　　　　　　　　　　　　　　4 3 2 1
  3．コーポレート・ガバナンスおよび使命の理解　　4 3 2 1

4．内部監査活動の使命とゴールの理解		4 3 2 1
5．部門のポリシーと手続		4 3 2 1
6．監査対象者との関係		4 3 2 1
7．内部監査基準		4 3 2 1
8．組織体の業務とプロセスに関する知識		4 3 2 1
9．システムまたはプロセスの文書化およびレビュー		4 3 2 1
10．内部統制の評価		4 3 2 1
11．内部監査人の客観性と独立性		4 3 2 1
12．監査リスク		4 3 2 1
13．一般的な監査ツール／技法		4 3 2 1
14．現行の技術，装置およびソフトウェア		4 3 2 1
15．情報技術監査ツール／技法		4 3 2 1
16．インタビュー・スキル		4 3 2 1
17．業績監査の概念		4 3 2 1
18．報告書の記載方法		4 3 2 1

Ⅱ．教育訓練／経験の機会提供に関する監査人の評価

19．組織内教育訓練セミナー：特定テーマ		4 3 2 1
20．組織内教育訓練セミナー：広範なテーマ		4 3 2 1
21．外部セミナー：監査に関するテーマ		4 3 2 1
22．外部セミナー：その他		4 3 2 1
23．監査業務に対する特定の教育訓練の受講		4 3 2 1
24．実務訓練		4 3 2 1
25．監査部門と業務部門間のローテーション		4 3 2 1
26．専門機関の会員資格／加入		4 3 2 1

Ⅲ．活動実務の監査人の評価

27．客観的であること／活動の独立性		4 3 2 1
28．活動の中心的価値の理解／適用		4 3 2 1
29．権限付与とセルフ・アカウンタビリティ		4 3 2 1

30. 監査計画策定へのスタッフの関与		4 3 2 1
31. 個別監査範囲への投入		4 3 2 1
32. 監査目標および手続を変更することを認められたスタッフ		4 3 2 1
33. コンサルティングおよび経営者のパートナーになること		4 3 2 1
34. 監査業務を強化するための監督の有用性		4 3 2 1
35. 業績のレビュー・プロセスへの満足度		4 3 2 1
36. キャリアの満足度		4 3 2 1

組織体の内部監査についての一般的なコメントと同様に，1〜36項目で扱われた領域に関して特に感じたことをここにコメントして下さい。

----

37. あなたの仕事に関してもっとも好ましい事柄を3つ挙げて下さい。

----

38. 部門を改善するのにあなたが変更したい事柄を3つ挙げて下さい（例，方針，実務，「文化」，資源等）。

----

39. 追加コメント：

----

40. 私はレビュー・チームとこれらの件を詳細に討議する機会を求めます：
　　　はい　□　　　　　いいえ　□

氏名（任意）：

ツール6

インタビュー・ガイド──取締役会（監査委員会）メンバー

インタビュー対象者：＿＿＿＿＿＿　職位：＿＿＿＿＿＿　地域：＿＿＿＿＿＿
インタビュー実施者：＿＿＿＿　日付：＿＿＿＿　時間：＿＿＿＿　場所：＿＿＿
インタビューに関する追加コメント：＿＿＿＿＿＿＿＿＿＿＿＿＿＿＿＿＿＿＿

回答はインタビュー対象者の返答とコメントを表示しています。情報は秘密であることをインタビュー対象者に知らせて下さい。

インタビュー実施者に対する諸注意：

- QAの目的およびこのインタビューがこれら目的にとっていかに重要であるかをインタビュー対象者に簡潔に説明して下さい。

- 全体としての組織体および彼または彼女の責任領域としての組織体に関する掲げられたテーマについてインタビュー対象者のコメントを求めて下さい。これによりこちらが要望する返答を引き出すことになるでしょう。**各テーマに関する特定の質問（カッコに入っているもの）**は，返答があまりにも一般的であるか適切に問題に対処していないことを示している場合にインタビューを拡張するため，結局のところ「筋道」にそれを戻すために用いられるでしょう。

- 「取締役会」とは，取締役で構成される委員会（例えば，監査委員会）またはIA活動の監視に責任を負うその他の組織とします。

リスク管理，コントロール，およびアカウンタビリティ

ツール6◆インタビュー・ガイド－取締役会(監査委員会)メンバー

組織体の全般的コントロール環境およびマネジメント・プロセスに関してコメントして下さい。

 (当該組織体にマネジメント・コントロールのための正式な方針はありますか。もしある場合，方針書には何が記載され，どのようにそれを伝達していますか。もしない場合，それは必要ないのですか。それに含むべき重要な要素は何ですか。一般的なコントロール環境に関する質問に回答する際，内部監査活動の役割はどのようなものですか／どうあるべきですか。)

当該組織体においてどのようにリスクが識別され，測定され，かつ管理されているかについてコメントして下さい。

 (最も重要なリスクおよび機会は何ですか。戦略を選択し，目標を設定するのに用いられたメカニズム／プロセスはどのようなものですか。リスクの測定と比較，相対的な重要性の判定，および機会コストを含むコスト／ベネフィット問題に関しての意思決定に用いられた規準とプロセスはどのようなものですか。リスク管理全般に責任を負う最上級の経営者は誰ですか。取締役会はリスク管理の監視の役割をどのように果たしていますか。)

目標および期待される結果をどのように設定しているか示して下さい。結果の測定および報告に関してコメントして下さい。

 (目標およびアカウンタビリティをリスク管理プロセスとどのようにうまく連携させていますか。業務結果およびマネジメントの業績に関する取締役会による評価の性質と頻度を記載して下さい。マネジメント・インフォメーション・システムおよび報告書は，当該組織体の結果ならびにアカウンタビリティ・プロセスに関する適切な情報および文書を取締役会に提供していますか。)

当該組織体の全般的なコントロール環境およびマネジメント・プロセスに関して追加的なコメントを記載して下さい。

(マネジメント構造，権限の委譲，または監視／評価機能およびプロセスに関するその他のコメントはありますか。)

内部監査活動（IA活動）およびその他のモニタリング／監視機能

内部監査活動の独立性，構造，および業務範囲について広くコメントして下さい。

（上級経営者および取締役会へ達するIA活動の報告ラインの性質／水準は，独立性を確保していますか。その規程は，有効にそれを実施することができるよう十分な権限，アクセス，および資源を伴って妥当であるといえますか。業務範囲は，規程においてもまた実際に遂行する場合にも，経営者および取締役会のニーズに相応していますか。業務範囲は，資源の最適利用を示していますか。どのような領域をさらに対象範囲とすべきですか。対象範囲は不足していませんか。どのくらいの頻度で取締役会は規定およびその他の関連事項の十分性をレビューしていますか。取締役会がCAE（内部監査担当役員）の雇用／解雇を承認していますか。）

CAEおよびIA活動の有用性，信憑性，および有効性についてコメントして下さい。

（CAEは取締役会と個人的に会合をもっていますか。それは，どのくらいの頻度ですか。CAEはマネジメントの主要な要素を勘案し，上級経営者との会合への出席を通じて十分に情報を提供され，かつ適時に経営者との意思疎通を図っていますか。あなたは，IA活動全般をどのように評価していますか。）

取締役会の見通しからIA活動の管理および業務に関するあなたの見解を記載して下さい。

（あなたは，IA活動のリスク評価および計画策定に十分な情報を提供していま

すか。どのように，またどのくらいの頻度で情報を入手していますか。情報技術の問題に十分な配慮がなされていますか。IA活動の監査／コンサルティング業務は，取締役会の見通しからリスクおよびその他の関心事を扱う際に，どのように支援されていますか。当該IA活動は，IIAの**基準**に準拠していますか。過去5年以内に，当該IA活動の外部品質評価は実施されていますか。取締役会は，IA活動に対し品質評価の結果に関して報告するよう求めていますか。)

あなたの経験と観察に基づいて，IA活動のスタッフの能力／プロフェッショナリズムについてコメントして下さい。

　(彼らは客観的／プロフェッショナルですか。彼らは，IT能力を含む正確な知識およびスキルを有していますか。IA活動は，経営者育成のための適切な領域とみなされていますか。)

取締役会の見通しからIA活動の業務の品質／価値に関する意見を記載して下さい。

　(典型的な年度におけるIA活動から取締役会が受け取った報告書の数と種類はどのようなものですか。勧告は重要なガバナンス／リスクの問題と関連付けられ，十分かつ適時的実施のフォロ・アップがありますか。IA活動は，スケジュールに組み込まれた監査以上に，ビジネスの諸問題を解決するようまたはビジネス・プロセスを改善するよう経営者を支援していますか。もしそうでない場合，なぜですか。)

その他の監視またはモニタリング機能（例えば，評価，プロセス改善，コントロール自己評価，または特別調査といったもの）および独立した監査事務所について，IA活動との関係からコメントして下さい。

　(業務の重複を防ぐため，十分な対象範囲をとっていることを確保するため，およびこうした機能の対象者に対する負担を軽減するため，十分な調整が行わ

れていますか。IA活動は，その他の機能に関する勧告の実施をフォロ・アップしているかまたは支援していますか。これらの機能の中にIA活動と有効に結合できるものはありますか。)

当該IA活動またはインタビューで討議したその他の事項について追加的観察結果／結論を記載して下さい。尋ねられると思ったが，尋ねられなかったと思う質問は何だと思いますか――そうした質問にどのように答えますか。

ツール7

インタビュー・ガイド ― CAE（内部監査担当役員）が報告する役員

インタビュー対象者：＿＿＿＿＿＿　職位：＿＿＿＿＿＿　地域：＿＿＿＿＿＿
インタビュー実施者：＿＿＿＿　日付：＿＿＿＿　時間：＿＿＿＿　場所：＿＿＿＿
インタビューに関する追加コメント：＿＿＿＿＿＿＿＿＿＿＿＿＿＿＿＿＿＿

回答はインタビュー対象者の返答とコメントを表示しています。情報は秘密であることをインタビュー対象者に知らせて下さい。

インタビュー実施者に対する諸注意：

- QAの目的およびこのインタビューがこれら目的にとっていかに重要であるかをインタビュー対象者に簡潔に説明して下さい。

- 全体としての組織体および彼または彼女の責任領域としての組織体に関する掲げられたテーマについてインタビュー対象者のコメントを求めて下さい。これによりこちらが要望する返答を引き出すことになるでしょう。**各テーマに関する特定の質問（カッコに入っているもの）**は，返答があまりにも一般的であるか適切に問題に対処していないことを示している場合にインタビューを拡張するため，結局のところ「筋道」にそれを戻すために用いられるでしょう。

- 「取締役会」とは，取締役で構成される委員会（例えば，監査委員会）またはIA活動の監視に責任を負うその他の組織とします。

リスク管理，コントロール，およびアカウンタビリティ

組織体の全般的コントロール環境およびマネジメント・プロセスに関してコメントして下さい。

　（当該組織体にマネジメント・コントロールのための正式な方針はありますか。もしある場合，方針書には何が記載され，どのようにそれを伝達していますか。もしない場合，それは必要ないのですか。それに含むべき重要な要素は何ですか。一般的なコントロール環境に関する質問に回答する際，内部監査活動の役割はどのようなものですか／どうあるべきですか。）

当該組織体においてどのようにリスクが識別され，測定され，かつ管理されているかについてコメントして下さい。

　（最も重要なリスクおよび機会を記載して下さい。戦略を選択し，目標を設定するためのメカニズム／プロセスを記載して下さい。リスクの測定と比較，相対的な重要性の判定，および機会コストを含むコスト／ベネフィット問題に関しての意思決定に用いられた規準とプロセスを記載して下さい。全般的なリスク・フレームワークおよび評価プロセスに責任を負う最上級の経営者は誰ですか。CEOが「大局」を評価し監視することができるようになるリスク管理は，どのように「取り組まれて」いますか。）

目標および期待される結果をどのように設定しているか示して下さい。結果の測定および報告に関してコメントして下さい。

　（目標およびアカウンタビリティをリスク管理プロセスとどのようにうまく連携させていますか。業務結果およびマネジメントの業績に関する評価の性質と頻度を記載して下さい。マネジメント・インフォメーション・システムおよび報告書は，十分な意思決定支援情報ならびにアカウンタビリティ・プロセスに関する適切な情報および文書を取締役会に提供していますか。）

ツール7◆インタビュー・ガイド―CAE(内部監査担当役員)が報告する役員

当該組織体の全般的なコントロール環境およびマネジメント・プロセスに関して追加的なコメントをして下さい。

(マネジメント構造，権限の委譲，または監視／評価機能およびプロセスに関するその他のコメントはありますか。)

内部監査活動（IA活動）およびその他のモニタリング／監視機能

内部監査活動の独立性，構造，および業務範囲について広くコメントして下さい。

(取締役会がCAEの雇用／解雇を承認していますか。上級経営者／取締役会へ達するIA活動の報告ラインの性質／水準は，独立性を確保していますか。その規程は，有効にそれを実施することができるよう十分な権限，アクセス，および資源を伴って妥当であるといえますか。業務範囲は，規程においてもまた実際にも，経営者および取締役会のニーズに相応していますか。業務範囲は，資源の最適利用を示していますか。IA活動が「実施できない」当該組織体の側面／領域はありますか。もしある場合，それはどのようなもので，なぜ実施できないのですか。どのような領域をさらに対象範囲とすべきですか。対象範囲は不足していませんか。)

CAEおよびIA活動の有用性，信憑性，および有効性についてコメントして下さい。

(CAEはマネジメントの主要な要素を勘案していますか。CAEは，上級経営者との会合への出席を通じて十分に情報を提供され，かつ適時に経営者との意思疎通を図っていますか。IA活動は批判機能を果たしていると思いますか――または批判的ではないが，有用性だけを持つと思いますか。あなたは，IA活動全般をどのように評価していますか。)

上級経営者の見通しからIA活動の管理および業務に関するあなたの見解を記載して下さい。

（あなたは，IA活動のリスク評価および計画策定に十分な情報を提供していますか。それは，どのように，またどのくらいの頻度で情報を入手していますか。情報技術の問題に十分な配慮がなされていますか。IA活動の監査／コンサルティング業務は，全般的な見通しからリスクおよびその他の関心事を扱う際に，どのように支援されていますか。当該IA活動は，IIAの**基準**に準拠していますか。過去5年以内に，当該IA活動の外部品質評価は実施されていますか。上級経営者および取締役会は，該IA活動に対し品質評価の結果に関して報告するよう求めていますか。）

あなたの経験と観察に基づいて，IA活動のスタッフの能力／プロフェッショナリズムについてコメントして下さい。

（彼らは客観的／プロフェッショナルですか。彼らは，IT能力を含む正確な知識およびスキルを有していますか。IA活動に補充されたスタッフの元の所属とバックグラウンドに関する見解はどのようなものですか。当該組織体が業務を行うのに望ましい／やりがいのある場所であるかどうかについての評判はどのようなものですか。IA活動における短期間［いわば3ヶ月まで］または長期間［2～3年］の業務のため，組織体のあらゆる部門から潜在能力の高いスタッフを送り込んでもらうことを勘案しましたか。IA活動は経営者育成のための適切な領域とみなされていますか。）

当該組織体に対するIA活動の業務の品質／付加価値に関する意見を記載して下さい。

（あなたは，どのくらいの頻度でCAEと面会していますか。あなたがCEOでない場合，CAEは個人的にCEOと面会していますか。それは，どのくらいの頻度ですか。典型的な年度においてあなたが受け取ったIA活動の報告書の数と種類はどのようなものでしたか。勧告は重要なガバナンス／リスクの問題と関連付

ツール7◆インタビュー・ガイド－CAE(内部監査担当役員)が報告する役員 175

けられ，十分かつ適時的実施のフォロ・アップはありますか。IA活動は，スケジュールに組み込まれた監査以上に，ビジネスの諸問題を解決するようまたはビジネス・プロセスを改善するよう経営者を支援していますか。もしそうでない場合，なぜですか。)

IA活動の有効性／価値を改善する方法についてあなたの見解を記載して下さい。
(企業リスク管理，組織の目標，およびアカウンタビリティとのよりよいIA活動の連携は，どのように成し遂げられていますか。個別の業務に対して，どのようにサイクル・タイムを削減し，どのように資源の活用を改善していますか。どうすれば業務の終了と報告書の発行を改善することができるようになりますか。どうすれば勧告についての実施のフォロ・アップを改善することができるようになりますか。)

その他の監視またはモニタリング機能(例えば，評価，プロセス改善，コントロール自己評価，または特別調査といったもの) **および独立した監査事務所について，IA活動との関係からコメントして下さい。**
(業務の重複を防ぐため，十分な対象範囲をとっていることを確保するため，およびこうした機能の対象者に対する負担を軽減するため，十分な調整が行われていますか。IA活動は，その他の機能に関する勧告の実施をフォロ・アップしているかまたは支援していますか。これらの機能の中にIA活動と有効に結合できるものはありますか。)

当該IA活動またはインタビューで討議したその他の事項について追加的観察結果／結論を記載して下さい。尋ねられると思ったが，尋ねられなかったと思う質問は何だと思いますか――そうした質問にどのように答えますか。

ツール8

インタビュー・ガイド ― 上級経営者および業務管理者

インタビュー対象者：＿＿＿＿＿ 職位：＿＿＿＿＿ 地域：＿＿＿＿＿
インタビュー実施者：＿＿＿ 日付：＿＿＿ 時間：＿＿＿ 場所：＿＿＿
インタビューに関する追加コメント：＿＿＿＿＿＿＿＿＿＿＿＿＿＿＿＿

回答はインタビュー対象者の返答とコメントを表示しています。情報は秘密であることをインタビュー対象者に知らせて下さい。

インタビュー実施者に対する諸注意：

- QAの目的およびこのインタビューがこれら目的にとっていかに重要であるかをインタビュー対象者に簡潔に説明して下さい。

- 全体としての組織体および彼または彼女の責任領域としての組織体に関する掲げられたテーマについてインタビュー対象者のコメントを求めて下さい。これによりこちらが要望する返答を引き出すことになるでしょう。**各テーマに関する特定の質問（カッコに入っているもの）** は，返答があまりにも一般的であるか適切に問題に対処していないことを示している場合にインタビューを拡張するため，結局のところ「筋道」にそれを戻すために用いられるでしょう。

- 「取締役会」とは，取締役で構成される委員会（例えば，監査委員会）またはIA活動の監視に責任を負うその他の組織とします。

リスク管理，コントロール，およびアカウンタビリティ

組織体の全般的コントロール環境およびマネジメント・プロセスに関してコメントして下さい。

(当該組織体にマネジメント・コントロールのための正式な方針はありますか。もしある場合，方針書には何が記載され，どのようにそれを伝達していますか。もしない場合，それは必要ないのですか。それに含むべき重要な要素は何ですか。一般的なコントロール環境に関する質問に回答する際，内部監査活動の役割はどのようなものですか/どうあるべきですか。)

当該組織体およびあなたが責任を負う領域においてリスクはどのように識別され，測定され，かつ管理されているか記載して下さい。

(最も重要なリスクおよび機会はどのようなものですか。戦略を選択し，目標を設定し，リスクを測定かつ比較し，相対的な重要性を判定し，かつ機会コストを含むコスト/ベネフィットの問題に関する意思決定に用いられた規準/プロセスはどのようなものですか。あなたの領域におけるいくつかの主なリスクを挙げて下さい。これらリスクを受容し，軽減し，分担し，移転させる等の意思決定をどのように行いますか。あなたのリスク管理はどのように全体としての組織体のリスク管理と連携/統合されていますか。)

目標および期待される結果をどのように設定しているか示して下さい。結果の測定および報告に関してコメントして下さい。

(目標およびアカウンタビリティをリスク管理プロセスとどのようにうまく連携させていますか。業務結果およびマネジメントの業績に関する評価の性質と頻度を記載して下さい。マネジメント・インフォメーション・システムおよび報告書は，十分な意思決定支援情報ならびにアカウンタビリティ・プロセスに関する適切な情報および文書を取締役会に提供していますか。)

当該組織体の全般的なコントロール環境およびマネジメント・プロセスに関して追加的なコメントをして下さい。
（マネジメント構造，権限の委譲，または監視／評価機能およびプロセスに関するその他のコメントはありますか。マネジメント情報が，適時的で，信頼でき，かつあなたが責任を負う領域について適切な水準で詳述されていますか。）

内部監査活動（IA活動）およびその他のモニタリング／監視機能

内部監査活動の独立性，構造，および業務範囲について広くコメントして下さい。
（上級経営者および取締役会へ達するIA活動の報告ラインの性質／水準は，独立性を確保していますか。その規程は，有効にそれを実施することができるよう十分な権限，アクセス，および資源を伴って妥当であるといえますか。業務範囲は，規程においてもまた実際に遂行する場合にも，経営者および取締役会のニーズに相応していますか。業務範囲は，資源の最適利用を示していますか。どのような領域をさらに対象範囲とすべきですか。対象範囲は不足していませんか。）

IA活動の信憑性および有効性についてコメントして下さい。
（CAE（内部監査担当役員）はマネジメントの主要な要素を勘案していますか。CAEは，上級経営者との会合への出席を通じて十分に情報を提供され，かつ適時に経営者との意思疎通を図っていますか。IA活動は批判機能を果たしていると思いますか――または批判的ではないが，有用性だけを持つと思いますか。あなたは，IA活動全般をどのように評価していますか。）

あなたの責任領域に関するIA活動の管理および業務についてのあなたの見解を記載して下さい。

(あなたは，あなたの責任領域に対する業務に関するIA活動のリスク評価および計画策定に十分な情報を提供していますか。それは，どのように，またどのくらいの頻度で情報を入手していますか。どのように不同意を解決していますか。情報技術の問題に十分な配慮がなされていますか。IA活動の監査／コンサルティング業務は，リスクおよびその他の関心事を扱う際に，どのように支援されていますか。）

あなたの経験と観察に基づいて，IA活動のスタッフの能力／プロフェッショナリズムについてコメントして下さい。
(彼らは客観的／プロフェッショナルですか。彼らは，IT能力を含む正確なスキルを有していますか。彼らは，あなたの責任領域における十分な知識を有していますか。IA活動における短期間［いわば3ヶ月まで］または長期間［2～3年］の業務のため，あなたの責任領域から潜在能力の高いスタッフを送り込むことを勘案しましたか。あなたは，あなたの責任領域のためにIA活動をスタッフを得る源泉とみなしましたか。）

あなたの責任領域におけるIA活動の業務の品質／付加価値に関するあなたの意見を記載して下さい。
(典型的な年度においてあなたが受け取ったIA活動の報告書の数と種類はどのようなものでしたか。勧告は重要な問題と関連付けられ，その勧告に価値があることに気づいていますか。IA活動による十分かつ適時の実施のフォロ・アップが存在していますか。IA活動は，妥当な実施支援をしていますか。スケジュールに組み込まれた監査以上に，ビジネスの諸問題を解決するようまたはビジネス・プロセスを改善するようIA活動の支援を求めていますか。もしそうでない場合，なぜですか。）

IA活動の有効性／価値を改善する方法についてあなたの見解を記載して下さい。
(企業リスク管理，組織の目標，およびアカウンタビリティとのよりよいIA活動の連携は，どのように成し遂げられていますか。個別の業務に対して，どのようにサイクル・タイムを削減し，どのように資源の活用を改善していますか。どうすれば業務の終了と報告書の発行を改善することができるようになりますか。どうすれば勧告についての実施のフォロ・アップを改善することができるようになりますか。)

その他の監視またはモニタリング機能（例えば，評価，プロセス改善，コントロール自己評価，または特別調査といったもの）および独立の監査事務所について，IA活動との関係からコメントして下さい。
(業務の重複を防ぐため，十分な対象範囲をとっていることを確保するため，およびこうした機能の対象者に対する負担を軽減するため，十分な調整が行われていますか。IA活動は，その他の機能に関する勧告の実施をフォロ・アップしているかまたは支援していますか。これらの機能の中にIA活動と有効に結合できるものはありますか。)

当該IA活動またはインタビューで討議したその他の事項について追加的観察結果／結論を記載して下さい。尋ねられると思ったが，尋ねられなかったと思う質問は何だと思いますか――そうした質問にどのように答えますか。

ツール9

インタビュー・ガイド ― CAE（内部監査担当役員）

インタビュー対象者：_____ 職位：_____ 地域：_____
インタビュー実施者：_____ 日付：_____ 時間：_____ 場所：_____
インタビューに関する追加コメント：_____

回答はインタビュー対象者の返答とコメントを表示しています。情報は秘密であることをインタビュー対象者に知らせて下さい。

インタビュー実施者に対する諸注意：

- 全体としての組織体および彼または彼女の責任領域としての組織体に関する掲げられたテーマについてインタビュー対象者のコメントを求めて下さい。これによりこちらが要望する返答を引き出すことになるでしょう。**各テーマに関する特定の質問（カッコに入っているもの）**は、返答があまりにも一般的であるか適切に問題に対処していないことを示している場合にインタビューを拡張するため、結局のところ「筋道」にそれを戻すために用いられるでしょう。

- 「取締役会」とは、取締役で構成される委員会（例えば、監査委員会）またはIA活動の監視に責任を負うその他の組織とします。

リスク管理、コントロール、およびアカウンタビリティ

組織体の全般的コントロール環境およびリスク管理プロセスに関してコメントして下さい。
（マネジメント・コントロールのための正式な方針はありますか。もしある場

合，方針書には何が記載され，どのようにそれを伝達していますか。リスクを測定／比較するのに用いたプロセスを記載して下さい。全般的なリスク・フレームワークおよび評価プロセスに責任を負う最上級の経営者は誰ですか。CEOが「大局」を評価し監視することができるようになるリスク管理は，どのように「取り組まれて」いますか。）

目標および期待される結果をどのように設定しているか示して下さい。結果の測定および報告に関してコメントして下さい。

（アカウンタビリティはリスク管理と連携していますか。結果およびマネジメントの業績の評価について記載して下さい。マネジメント報告書は，結果とアカウンタビリティ・プロセスに関して十分な情報を提供し，かつそれらの文書化を行っていますか。）

当該組織体の全般的なコントロール環境およびマネジメント・プロセスに関して追加的なコメントをして下さい。

（マネジメント構造，権限の委譲，または監視／評価機能およびプロセスに関するその他のコメントはありますか。）

内部監査活動（IA活動）およびその他のモニタリング／監視機能

内部監査活動の独立性および使命について広くコメントして下さい。

（取締役会は，CAEの雇用／解雇を承認していますか。上級経営者／取締役会へ達するIA活動の報告ラインの性質／水準は，独立性を確保していますか。IA活動の第一の使命はどのようなものですか。）

IA活動の規程および業務範囲を討議して下さい。

(IA活動の規程は，有効にそれを実施することができるよう十分な権限，アクセス，および資源を伴って妥当であるといえますか。業務範囲は，規程においてもまた実際にも，組織体のニーズに相応し，かつ資源の最適利用を示していますか。IA活動が「実施できない」当該組織体の側面／領域はありますか。もしある場合，それはどのようなもので，なぜ実施できないのですか。コンサルティング業務を実施していますか。)

IA活動の信憑性および有効性についてコメントして下さい。
(CAEはマネジメントの主要な要素を勘案していますか。CAEは，上級経営者との会合への出席を通じて十分に情報を提供され，かつ適時に経営者との意思疎通を図っていますか。)

上級経営者の見通しからIA活動の業務についてコメントして下さい。
(経営者は，リスク評価および監査計画の策定に十分な情報を提供していますか。それは，どのように，またどのくらいの頻度で情報を入手していますか。情報技術の問題に十分な配慮がなされていますか。)

IA活動における品質評価を討議して下さい。
(IA活動はIIAの**基準**に準拠していますか。過去5年以内にIA活動の外部品質評価を受けたことはありますか。あなたは，品質評価の結果について，上級経営者および取締役会に報告していますか。あなたは，品質評価プロセスを確立していますか。)

IA活動のスタッフの能力／プロフェッショナリズムについてコメントして下さい。
(彼らは客観的／プロフェッショナルですか。彼らは，IT能力を含む正確な知識およびスキルを有していますか。IA活動に配置されるスタッフの第一の源泉はどのようなところですか。業務を行うのに望ましい／やりがいのある場所とみなされていますか。経営者は，IA活動における短期間［いわば3ヶ月まで］または長期間［2～3年］の業務のため，組織体のあらゆるところから潜在能力の高いスタッフを送り込んでもらうことを勘案しましたか。IA活動は経営者育成のための適切な領域とみなされていますか。)

取締役会，CEOおよび上級経営者との関係／彼らへの報告について討議して下さい。
(あなたは，どのくらいの頻度で取締役会と会合をもち，個人的に会っていますか。典型的な年度においてあなたが送付したIA活動の報告書の数と種類はどのようなものでしたか。IA活動は，スケジュールに組み込まれた監査以上に，ビジネスの諸問題を解決するようまたはビジネス・プロセスを改善するよう経営者を支援していますか。もしそうでない場合，なぜですか。)

スタッフ管理の方針およびプロセスを討議して下さい。
(あなたは，以下の項目をどのように行っていますか：リスク／ガバナンス概念の教育；権限付与／セルフ・アカウンタビリティを最大限に利用すること［当該領域におけるイニシアチブの利用を含む］；実行可能な概念を「継続的に改善」すること；対象者との連絡係としてのスタッフの利用；教育訓練および専門家としての活動の奨励；業績の評価／業績への報酬；方向付け，監督，およびレビューの実施。)

IA活動の有効性／価値を改善する方法についてあなたの見解を記載して下さい。

(企業リスク管理，組織の目標，およびアカウンタビリティとのよりよいIA活動の連携は，どのように成し遂げられていますか。個別の業務に対して，どのようにサイクル・タイムを削減し，どのように資源の活用を改善していますか。どうすれば業務の終了と報告書の発行を改善することができるようになりますか。どうすれば勧告についての実施のフォロ・アップを改善することができるようになりますか。）

その他の監視またはモニタリング機能（例えば，評価，プロセス改善，コントロール自己評価，または特別調査といったもの）および独立の監査事務所について，IA活動との関係からコメントして下さい。
（業務の重複を防ぎ，十分な対象範囲を確保し，かつ対象者に対する負担を軽減するため，十分な調整が行われていますか。IA活動は，その他の機能に関する勧告の実施をフォロ・アップしているかまたは支援していますか。これらの機能の中にIA活動と有効に結合できるものはありますか。どの程度外部監査がIA活動に依拠していますか。）

当該IA活動またはインタビューで討議したその他の事項について追加的観察結果／結論を記載して下さい。尋ねられると思ったが，尋ねられなかったと思う質問は何だと思いますか――そうした質問にどのように答えますか。

ツール10

インタビュー・ガイド ― 内部監査活動スタッフ

インタビュー対象者：＿＿＿＿＿＿　職位：＿＿＿＿＿＿　地域：＿＿＿＿＿＿
インタビュー実施者：＿＿＿＿　日付：＿＿＿＿　時間：＿＿＿＿　場所：＿＿＿＿
インタビューに関する追加コメント：＿＿＿＿＿＿＿＿＿＿＿＿＿＿＿＿＿＿＿＿

回答はインタビュー対象者の返答とコメントを表示しています。情報は秘密であることをインタビュー対象者に知らせて下さい。

インタビュー実施者に対する諸注意：

- 全体としての組織体および彼または彼女の責任領域としての組織体に関する掲げられたテーマについてインタビュー対象者のコメントを求めて下さい。これによりこちらが要望する返答を引き出すことになるでしょう。**各テーマに関する特定の質問（カッコに入っているもの）**は，返答があまりにも一般的であるか適切に問題に対処していないことを示している場合にインタビューを拡張するため，結局のところ「筋道」にそれを戻すために用いられるでしょう。

- 「取締役会」とは，取締役で構成される委員会（例えば，監査委員会）またはIA活動の監視に責任を負うその他の組織とします。

企業リスク管理，コントロール，およびアカウンタビリティ

組織体の全般的コントロール環境およびリスク管理プロセスに関してコメントして下さい。

（マネジメント・コントロールのための正式な方針はありますか。もしある場

合，方針書には何が記載され，どのようにそれを伝達していますか。リスクを測定／比較するのに用いたプロセスを記載して下さい。全般的なリスク・フレームワークおよび評価プロセスに責任を負う最上級の経営者は誰ですか。CEOが「大局」を評価し監視することができるようになるリスク管理は，どのように「取り組まれて」いますか。)

組織の目標／期待される結果をどのように設定しているか討議して下さい；かつ結果の測定／報告に関しても討議して下さい。
(アカウンタビリティはリスク管理と連携していますか。結果およびマネジメントの業績の評価について記載して下さい。マネジメント報告書は，結果とアカウンタビリティ・プロセスに関して十分な情報を提供し，かつそれらの文書化を行っていますか。マネジメント構造，権限の委譲，または監視／評価機能およびプロセスに関するその他のコメントはありますか。)

内部監査活動（IA活動）およびその他のモニタリング／監視機能

内部監査活動の独立性および使命について広くコメントして下さい。
(上級経営者／取締役会へ達するIA活動の報告ラインの性質／水準は，独立性を確保していますか。あなたは，IA活動の独立性に対する何らかの障害に気づいていますか。IA活動の第一の使命はどのようなものですか。)

IA活動の規程および業務範囲を討議して下さい。
(IA活動の規程は，有効にそれを実施することができるよう十分な権限，アクセス，および資源を伴って妥当であるといえますか。業務範囲は，規程においてもまた実際にも，組織体のニーズに相応し，かつ資源の最適利用を示していますか。IA活動が「実施できない」当該組織体の側面／領域はありますか。もしある場合，それはどのようなもので，なぜ実施できないのですか。)

上級経営者のニーズに関するあなたの考えからIA活動の業務についてコメントして下さい。

（CAE（内部監査担当役員）は，上級経営者との会合への出席を通じて十分に情報を提供され，かつ適時に経営者との意思疎通を図っていますか。経営者は，リスク評価および監査計画の策定に十分な情報を提供していますか。それは，どのように，またどのくらいの頻度で情報を入手していますか。情報技術の問題に十分な配慮がなされていますか。IA活動は，スケジュールに組み込まれた監査以上に，ビジネスの諸問題を解決するようまたはビジネス・プロセスを改善するよう経営者を支援していますか。もしそうでない場合，なぜですか。）

IA活動における品質評価を討議して下さい。

（IA活動はIIAの**基準**に準拠していますか。過去5年以内にIA活動の外部品質評価を受けたことはありますか。CAEは，品質評価の結果について上級経営者および取締役会に報告していますか。）

IA活動のスタッフの評判／プロフェッショナリズムについてコメントして下さい。

（あなたは，自分が客観的／プロフェッショナルであると思いますか。対象者が，あなたに対してIT能力を含む正確な知識およびスキルを有していると考えていると思いますか。IA活動は業務を行うのに望ましい／やりがいのある場所とみなされていますか。IA活動は，経営者育成のための適切な領域としてみなされていますか。あなたは，IA活動に従事することが当該組織体のどこか他の望ましい地位に移動する絶好の機会を与えてくれるであろうと思いますか。）

スタッフ管理の方針およびプロセス——CAE／その他のIA活動管理者が以下の

項目を行う方法について討議して下さい。
- 企業リスクおよびガバナンス概念の教育
- IIAの**基準**に関する知識を深めることおよびそれへの準拠性を推奨すること
- 権限付与／セルフ・アカウンタビリティを最大限に利用すること（当該フィールドにおけるイニシアチブの利用を含む）および継続的な改善
- 技術利用の奨励と促進
- 対象者との連絡係としてのスタッフの利用および業務計画策定プロセスへ彼らを参加させること
- 専門的組織体と合同のスタッフ教育訓練および活動の推奨
- 方向付け，監督，およびレビューの実施
- 業績の評価／業績への報酬

実施方法ならびに利用および開発したスキルについて詳細にコメントして下さい。

IA活動の有効性／価値を改善する方法についてあなたの見解を記載して下さい。（企業リスク管理，組織の目標，およびアカウンタビリティとのよりよいIA活動の連携は，どのように成し遂げられていますか。個別の業務に対して，どのようにサイクル・タイムを削減し，どのように資源の活用を改善していますか。どうすれば業務の終了と報告書の発行を改善することができるようになりますか。どうすれば勧告についての実施のフォロ・アップを改善することができるようになりますか。）

当該IA活動またはインタビューで討議したその他の事項について追加的観察結果／結論を記載して下さい。尋ねられると思ったが，尋ねられなかったと思う質問は何だと思いますか――そうした質問にどのように答えますか。

ツール11

インタビュー・ガイド ― 外部監査人

インタビュー対象者：＿＿＿＿＿＿　職位：＿＿＿＿＿＿　地域：＿＿＿＿＿＿
インタビュー実施者：＿＿＿＿　日付：＿＿＿＿　時間：＿＿＿＿　場所：＿＿＿＿
インタビューに関する追加コメント：＿＿＿＿＿＿＿＿＿＿＿＿＿＿＿＿＿＿＿＿

回答はインタビュー対象者の返答とコメントを表示しています。情報は秘密であることをインタビュー対象者に知らせて下さい。

インタビュー実施者に対する諸注意：

- QAの目的およびこのインタビューがこれら目的にとっていかに重要であるかをインタビュー対象者に簡潔に説明して下さい。

- 全体としての組織体および彼または彼女の責任領域としての組織体に関する掲げられたテーマについてインタビュー対象者のコメントを求めて下さい。これによりこちらが要望する返答を引き出すことになるでしょう。**各テーマに関する特定の質問（カッコに入っているもの）**は，返答があまりにも一般的であるか適切に問題に対処していないことを示している場合にインタビューを拡張するため，結局のところ「筋道」にそれを戻すために用いられるでしょう。

- 「取締役会」とは，取締役で構成される委員会（例えば，監査委員会）またはIA活動の監視に責任を負うその他の組織とします。

リスク管理，コントロール，およびアカウンタビリティ

組織体の全般的コントロール環境およびマネジメント・プロセスに関してコメントして下さい。

(当該組織体にマネジメント・コントロールのための正式な方針はありますか。もしある場合，方針書には何が記載され，どのようにそれを伝達していますか。もしない場合，それは必要ないのですか。それに含むべき重要な要素は何ですか。一般的なコントロール環境に関する質問に回答する際，内部監査活動の役割はどのようなものですか／どうあるべきですか。)

当該組織体においてどのようにリスクが識別され，測定され，かつ管理されているかについてコメントして下さい。

(最も重要なリスクおよび機会を記載して下さい。戦略を選択し，目標を設定するためのメカニズム／プロセスを記載して下さい。リスクの測定と比較，相対的な重要性の判定，および機会コストを含むコスト／ベネフィット問題に関しての意思決定に用いられた規準とプロセスを記載して下さい。全般的なリスク・フレームワークおよび評価プロセスに責任を負う最上級の経営者は誰ですか。CEOが「大局」を評価し監視することができるようになるリスク管理は，どのように「取り組まれて」いますか。)

目標および期待される結果をどのように設定しているか示して下さい。結果の測定および報告に関してコメントして下さい。

(目標およびアカウンタビリティをリスク管理プロセスとどのようにうまく連携させていますか。業務結果およびマネジメントの業績に関する評価の性質と頻度を記載して下さい。マネジメント・インフォメーション・システムおよび報告書は，十分な意思決定支援情報ならびにアカウンタビリティ・プロセスに関する適切な情報および文書を取締役会に提供していますか。)

当該組織体の全般的なコントロール環境およびマネジメント・プロセスに関して追加的なコメントをして下さい。
（マネジメント構造，権限の委譲，または監視／評価機能およびプロセスに関するその他のコメントはありますか。）

内部監査活動（IA活動）およびその他のモニタリング／監視機能

内部監査活動の独立性，構造，および業務範囲について広くコメントして下さい。
（取締役会がCAE（内部監査担当役員）の雇用／解雇を承認していますか。上級経営者／取締役会へ達するIA活動の報告ラインの性質／水準は，独立性を確保していますか。その規程は，有効にそれを実施することができるよう十分な権限，アクセス，および資源を伴って妥当であるといえますか。業務範囲は，規程においてもまた実際にも，経営者および取締役会のニーズに相応していますか。業務範囲は，資源の最適利用を示していますか。IA活動が「実施できない」当該組織体の側面／領域はありますか。もしある場合，それはどのようなもので，なぜ実施できないのですか。どのような領域をさらに対象範囲とすべきですか。対象範囲は不足していませんか。）

CAEおよびIA活動の有用性，信憑性，および有効性についてコメントして下さい。
（CAEはマネジメントの主要な要素を勘案していますか。CAEは，上級経営者との会合への出席を通じて十分に情報を提供され，かつ適時に経営者との意思疎通を図っていますか。IA活動全般をどのように評価していますか。あなたは，IA活動のリスク評価および計画策定に十分な情報を提供していますか，それとも提供していませんか。情報技術の問題に十分な配慮がなされていますか。当該IA活動は，IIAの**基準**に準拠していますか。過去5年以内に，当該IA活動の外部品質評価は実施されていますか。）

ツール11◆インタビュー・ガイド—外部監査人

あなたの経験と観察に基づいて，IA活動のスタッフの能力／プロフェッショナリズムについてコメントして下さい。
（彼らは客観的／プロフェッショナルですか。彼らは，IT能力を含む正確な知識およびスキルを有していますか。IA活動に補充されたスタッフの元の所属とバックグラウンドに関する見解はどのようなものですか。IA活動は経営者の啓発のための適切な領域とみなされていますか。）

当該組織体に対するIA活動の業務の品質およびそれへの信頼度についてコメントして下さい。
（外部監査の目的から，IA活動にかなりの程度依拠していますか，またそれゆえ手続を省略していますか。依拠しない側面はありますか。それはなぜですか。IA活動との共同業務を実施していますか。どれくらいの頻度でCAEと会合をもっていますか。すべてのIA活動報告書または要約だけでもコピーを受け取っていますか。勧告は重要なガバナンス／リスクの問題と関連付けられ，十分かつ適時的実施のフォロ・アップがありますか。IA活動の勧告についてフォロ・アップしていますか。IA活動はあなたの活動についてフォロ・アップしていますか。）

IA活動の有効性／価値を改善する方法についてあなたの見解を記載して下さい。
（企業リスク管理，組織の目標，およびアカウンタビリティとのよりよいIA活動の連携は，どのように成し遂げられていますか。個別の業務に対して，どのようにサイクル・タイムを削減し，どのように資源の活用を改善していますか。どうすれば業務の終了と報告書の発行を改善することができるようになりますか。どうすれば勧告についての実施のフォロ・アップを改善することができるようになりますか。その他どのような方法が，外部監査にとってのIA活動の価値，およびそれへの信頼度を向上させることになりますか。）

その他の監視またはモニタリング機能（例えば、評価、プロセス改善、コントロール自己評価、または特別調査といったもの）および独立した監査事務所について、IA活動との関係からコメントして下さい。

(業務の重複を防ぐため、十分な対象範囲をとっていることを確保するため、およびこうした機能の対象者に対する負担を軽減するため、十分な調整が行われていますか。IA活動は、その他の機能に関する勧告の実施をフォロ・アップしているかまたは支援していますか。これらの機能の中にIA活動と有効に結合できるものはありますか。)

当該IA活動またはインタビューで討議したその他の事項について追加の<u>観察結果／結論</u>を記載して下さい。尋ねられると思ったが、尋ねられなかったと思う質問は何だと思いますか——そうした質問にどのように答えますか。

ツール12

内部監査活動組織体の評価

手続（基準　1000，1110，1210，1220，1230，2040）

　本モジュールの目標は監査活動の整列および配置が組織体にとって最適であるか否かを評価することにある。

　　　　　　　　　　　　　　　　　　　　　　　監査調書　イニシャル／
　　　　　　　　　　　　　　　　　　　　　　　との照合　日　　　付

A．バックグラウンド情報

1．内部監査活動が，組織上，その責任を達成するにたるレベルに報告するようになっているかどうかを判断する。
2．監査活動の使命／ゴールとなる基準をレビューし，その組織的構造が使命／ゴール達成を促進するかどうか評価する。
3．内部監査活動が適切な実務および手続マニュアルを作成してきたかを判断する。
4．職務記述書，業績基準，あるいは，内部監査人に求められる期待やアカウンタビリティを宣言するその他の方法をレビューする。

　　　　　　　　　　　　　　　　　　　　　　　監査調書　イニシャル／
　　　　　　　　　　　　　　　　　　　　　　　との照合　日　　　付

B．組織体

1．監査活動がその実践の主眼を明確にし，スタッフとその調査対象者との関係を適切なものにするため，組織体構造を忠実に描写しようとしたか評価する。

執行役員およびCAEのコメントを考慮する。
2．組織体がその実態よりも能率的であると見せかけようとする傾向がなかったかレビューする。このレビューは，中間監査管理者およびスーパーバイザーの多くを除き，実際の監査に携わる下層スタッフを支援し，動機付けることになる。
3．スタッフは現在，組織的計画に従っているか，またその視点もそうであるか判断する。
スタッフへのインタビューのコメントをレビューする。
4．**監査活動の組織が全体的に適切か判断し，それぞれの期待を理解している経営者，取締役会，およびスタッフがうまく調和しているか結論を出す。**

ツール13

リスク評価と監査業務計画

手続——本モジュールの目標は内部監査活動の計画策定プロセスが年度および長期計画達成のために，組織体の企業リスクのフレームワーク，マネジメント・コントロール環境，および，アカウンタビリティ・プロセスを考慮しているか，同様に，組織体の戦略および技術計画，重要なビジネス活動を考慮しているかを評価することにある。リスク評価および計画策定プロセスは次の4ステージからなる。：リスク評価，監査計画，スタッフ分析，そして予算策定である。以下の手続および考慮事項は，内部監査活動管理における最も重要な局面を通して，監査チームの指針となるであろう。

監査調書　イニシャル／
との照合　日　　付

I．計画策定（基準2010，2010.A1，2110）＿＿＿　＿＿＿＿

A．監査領域

1. コントロールズおよび企業戦略／業務の能率性の観点から，執行役員はどの程度関与しているか，また，組織体の戦略的計画および技術計画はどの程度活用されているかを評価する。執行役員の意見はリエンジニアリングの質，同様に，自己評価計画および機会の可能性に含まれているかどうか判断する。
2. どのようにして被監査単位を認定しているかを判断する。以下のことが考慮されているだろうか？

a．成果物，サービス，および，組織上の成果物
　　b．被監査単位の組織図
　　c．組織体の予算書
　　d．入手可能なら，組織体の電話帳および私書箱リスト
　　e．ITシステムとアプリケーションの主なもの
　　f．組織体の主たるリスク領域に関する質問書に対する上級経営者の回答
　　g．最近の外部監査管理者によるコメント
　　h．リエンジニアリングの質，同様に，自己評価計画および機会の可能性に関する執行役員の意見
　　i．勘定組織図
　　j．その他の利用可能な組織体に関するドキュメンテーション（例えば，カタログ，戦略計画書，等）
 3．ITシステム／アプリケーションは，被監査単位内または被監査単位として，適切に整備されているか判断する。
 4．各被監査単位が実施する活動を明らかにし，説明するために，使用される方法をレビューする。被監査単位として含まれない組織体の主な領域をリストアップする。
 5．被監査単位の規模および数の適切性を判断する。（例えば，詳細過ぎるとか大まか過ぎる，多過ぎるとか少な過ぎる，組織体のエリア分散やシステムあるいはエリアの論理的分割に適合していない，等）
 6．**含まれた被監査単位の適切性および含まれるべきすべての実体が含まれていたかに関する結論を出す。**

B．方　法

 1．監査活動が組織体の公式なリスク分析を少なくとも

年に1回実施しているか判断する。以下のことが考慮されているだろうか？
  a．最終の監査の日付およびその結果
  b．財務エクスポージャー
  c．損失の可能性およびリスク
  d．経営者からの要望およびコンサルティングの機会の可能性
  e．経営，プログラム，システム，および，コントロールにおける主たる変化
  f．営業利益達成の機会
  g．監査スタッフの能力とその向上の必要性
  h．ガバナンス構造の変化
2．被監査単位決定のために利用される過程を確認する文書をレビューする。
3．計画策定過程に含まれる計算あるいは割り当てられた金額を評価する。
4．リスク評価が行われた日付をレビューする。リスク評価は毎年更新されているか？（例えば，監査結果を受けてその後に，被監査単位の変化に伴って，等）

監査調書　イニシャル／
との照合　日　　付

Ⅱ．監査計画（基準2010，2010.A1，2020，2030，2050，および，2060）

1．監査活動はリスクの評価に基づいた年度あるいは長期の監査計画を策定しているか判断する。
2．リスク評価結果は監査計画策定にどのように利用されているか評価する。以下のことを考慮する。
  a．被監査単位について，どのように監査時間を決定

したか。
  b．監査，特別な要請，コンサルティングの任務，および，管理上のカテゴリーに裂かれる時間のパーセンテージとその妥当性評価
  c．監査スタッフの能力およびその向上が監査計画策定中に考慮されているか。
  d．可能なら，監査活動が他の監査グループと十分に調整されているか判断する。
  e．直近の外部監査報告書中にある経営者のコメントをレビューし，重要な発見事項と考えられる領域に内部監査がどのように焦点をあてるか決定する。
  f．組織体のその他の主な領域をリストアップする。これには変更の計画，考慮されていなかった戦略的機会が含まれる。
3．外部監査人との調整および彼等が内部監査業務にどのように依拠するかレビューする。（ツール11―外部監査インタビュー）
4．CAEが監査計画策定プロセスをどのように記述しているかレビューする。
5．監査計画は監査委員会あるいは責任ある経営陣による承認を得ているか，また，この計画には重要なリスク・エクスポージャーやコントロール事項，企業のガバナンス事項，および，取締役会や上級経営者によるニーズおよび要請が含まれているか判断する。
6．監査計画は訓練，経営者の要請等，他の影響を適切に考慮しているか？
7．監査活動はどの程度まで"プロセス監査"（取引や分割された活動の監査を置き換えるため）を追求できるか，また，監査プロセスのすべての局面（IT監査業務を含む）をどの程度統合できるかを判断する。

8. 監査計画策定プロセスに"付加価値"の規律が適用されているか／どのように適用されているかを判断する。
9. 監査プロセス／実践の流れ，スタッフ強化，技術の活用，自己評価，チーム監査，および，その他の監査サイクル時間を減少させ，コストーベネフィットを改善する機会が監査計画策定プロセスに適用されているか／どのように適用されているかを判断する。
10. リスク分析プロセスの結果を反映した監査計画の妥当性について結論を出す。

	監査調書との照合	イニシャル／日付

Ⅲ．スタッフ分析（基準2020, 2030）

1. 監査活動の現在の組織図をレビューする。スタッフの人数およびレベル（現任および補充の両面で）を考慮する。
2. スタッフ分析が計画策定プロセスの一部として監査活動に含まれているか判断する。
3. 現行スタッフの人数およびレベルが監査活動によるスタッフ分析に基づいているか判断する。
4. もし監査スタッフの規模がリスク評価に基づく対象範囲を監査するのに不十分なら，監査の延期ないし再計画のプロセスを経ることが合理的であると判断し，取締役会あるいは責任ある経営者にハイーリスク領域の監査範囲縮小がもたらす結果を気付かせる必要がある。
5. 内部監査スタッフの人数およびレベルの適切性について結論を出す。

	監査調書との照合	イニシャル／日付

Ⅳ．予算策定（基準1130，2010.A1）

1．予算策定プロセスはリスクおよび計画策定プロセスに基づいているか判断する。予算が監査活動の最重要リスクおよびエクスポージャーに対処する能力に与える影響について討議する。
2．**予算策定プロセスの適切性について結論を出す。**

ツール14

スタッフの
プロフェッショナルな技能

手続——本モジュールの目標は内部監査活動（IA活動）の使命／ゴール達成を目指し，スタッフスキルの適切な交流をはかるための募集，育成，および職務を評価することにある。

監査調書との照合	イニシャル／日付
_____	_____

A．スタッフ——知識，スキル，および，規律
　　（基準1120，1210，1220，1230）

1．現在の挑戦的なビジネス社会で任務を果たすためには，内部監査人は多様なスキル，経験，内部統制概念の理解，ビジネス体験，経営理論および実務，内部監査のベスト・プラクティスと最適技術，IT，および，ヒューマン・リレーションズに精通していなければならない。

　　内部監査活動スタッフの教育とバックグラウンドについてレビューする。

2．スタッフのための能力モデル（職務記述書）が準備されているかレビューする。

　a．能力モデルがスタッフのためにキャリア・パスを明らかにしているか判断する。

　b．能力モデルが内部監査の任務を果たすために適当な教育と経験の基準を提供しているか判断する。

　c．現在の監査人個々が特定の教育と経験の基準を満たしているか判断する。

3．内部監査活動が要求する特殊な（専門的な）スキル

に関する情報を入手し，レビューする。
  a．特殊な（専門的な）スキルあるいは知識がいずれも組織体に固有のニーズを効果的に満たすために要請されているか判断する。
  b．もし特殊な（専門的な）スキルが必要なら，現在のスタッフがそのスキルを有しているか判断する。
  c．レビュー期間中に使用されるコンサルタントの資格や提供されるアシスタントのタイプは適切であるか評価する。
4．内部監査人は監査の実施に際し，客観的であるか判断する。例えば，監査業務の成果物を本当に信じており，重大な質的妥協をまったくしていない，等。
5．**内部監査活動が監査責任を果たすために必要な知識，スキル，および，規律を獲得しているか結論を出す。**

監査調書との照合	イニシャル／日付
_____	_____

B．継続的教育－上記"A"の基準を用いて，スタッフの知識，理解，および，スキルの強化方法としての育成プログラムを考慮する。
（基準1230，2030）

1．継続的教育の情報を入手し，レビューする。
  a．継続的教育に関する記述された内部監査活動方針が存在するか判断する。
  b．監査人個々に設定された1年間に必要な時間数の継続的専門教育に関する内部監査活動方針と，その十分性を評価する。
2．過去2～3年に内部監査人が履修した訓練記録を入手し，そのコースをレビューする。
  a．監査人が受けた訓練を評価し，それが技能を維持

するために必要なコースであることが明らかにされているか判断する。
　　ｂ．スーパーバイザーは監査担当者管理のスキルについて訓練を受けているか判断する。
３．資格証明のコースの重視とその試験に関する方針を評価する。資格証明を取得した者に対する報酬慣行をレビューする。
４．IIA等のプロフェッショナルの協会へスタッフが出席または参加することを支援する方針および実務についてレビューする。
５．内部監査活動の継続的教育について，その十分性に関する結論を出す。

監査調書との照合	イニシャル／日　付
_____	_____

Ｃ．業績評価（基準2030，2340）

１．評価のための業績基準，および，それが内部監査活動のニーズに準拠しているかレビューする。
２．少なくとも年１回実施される業績査定の方針，および，毎監査後に内部監査人の評価が実施されているかレビューする。この査定がどのように業績の測定や改善，キャリア・カウンセリング，およびスタッフの啓発に利用されているか評価する。
３．権限付与原則の潜在性とその実施について評価する。これには監督実務の変化，アカウンタビリティ，自己管理チーム，および，内部監査活動の意思決定や監査対象者との関係のプロセスを下方に移行することが含まれる。
４．監査担当者の業績評価プロセスの適切性について結論を出す。

ツール15

情報テクノロジー（IT）—レビューおよび評価手続

| 監査調書との照合 | イニシャル／日付 |

A．バックグラウンド情報

1. レビュー期間決定のため，以下の諸項目のリストを入手する：実施されたIT監査；サーバとその諸機能；企業データ・センター；主なハードウェア，システム・ソフトウェア，および，各データ・センターにおけるアプリケーション；作成された／あるいは開発中の重要なアプリケーション・システム；ネットワークの設定（LAN, WAN）；e-コマースの範囲；重要なITアウトソースサービスとコンピュータ設備，および，内部監査活動が利用可能なソフトウェア・パッケージ。
2. CAE（内部監査担当役員）とともにIT監査組織およびその目標をレビューする。
3. 以下の諸項目への内部監査活動の関与，および認識をレビューする。：
   - 組織体内部の新IT導入に関する戦略的／戦術的計画。
   - 採用されているテクノロジー，例えば，e-コマース，イントラネット，クライアント／サーバー，ワイヤレス・テクノロジー，および，ネットワーキング。
   - 長期のIT計画およびシステム開発。
4. IT監査計画策定，方針および手続，業務の範囲，ツール，および，適切性を，IT監査マネジャーとともに

ツール15◆情報テクノロジー(IT)-レビューおよび評価手続　207

レビューする。
5．監査対象となるIT領域の範囲，その包括性，および，更新の程度をレビューする。
　ITリスクはどのように評価されているかをレビューする。マネジメント・インタビューを高リスクのシステムを評価するために利用する。
6．内部監査活動スタッフの資格，継続中の訓練，および，必要であれば，外部専門家を利用する能力があるかについて調査する。
7．情報セキュリティ機能が組織に存在するか判断する。この機能の責任範囲および内部監査活動とのインターフェイスを判断する。

	監査調書 との照合	イニシャル／ 日　　付
B．企業のデータ所有権に関する方針が存在するか，および，その特質を判断する。	＿＿＿＿	＿＿＿＿

	監査調書 との照合	イニシャル／ 日　　付
C．データ・センター監査		

1．データ・センターのコントロールズに対する監査結果をレビューする。
2．組織体によって作成された終了した監査リストと稼働中のデータ・センターのリストを比較する。すべてのデータ・センターがレビューされたか判断する。外注されたデータ処理が含まれているか判断する。データ・センター監査の実施範囲を関連するリスクに照らして評価する。
3．データ・センター監査について，その実施範囲を判断する。例えば，以下のような範囲が含まれる：
　・物理的環境；自動的スモーク／ファイアー・プロテ

クション。
- ハードウェアの取得（リース対購入の決定）
- 保険
- コンピュータ・センターのアクセス（物理的および論理的）
- 経常的なバックアップおよびリカバリー手続；メディア・ストアレージ；リモート・ストアレージ；
- 構造；バックアップ・ウォーター，電話回線，電力；および，優先的送信サービスが利用されているか？
- 情報セキュリティ環境（これにはオペレーティング・システム，ファイア・ウォール，割込探知，アラーム，レスポンス許可や認証手続，および，コントロールズが含まれる）はスマートカードやその他の承認／確認パッケージを使用しているか？
- システムやプログラムのコントロールズ変更；職務の分離。
- 災害リカバリーおよびビジネス継続計画策定。

4. 分散したデータ・センターや電気通信経由のコンピュータ・システム／データベースをリモート監査する機会／実務を評価する。
5. データ・センター・コントロールズに関する内部監査活動業務の全体的妥当性について結論を出す。

	監査調書との照合	イニシャル／日付

D. オペレーティング・システムおよびネットワーク・マネジメント・ソフトウェアの監査

1. 監査人がメインフレームおよびクライアント－サーバの両者ともオペレーティング・システム・ソフトウェアのレビューをしたか判断する。終了したIT監査の

リストとシステム・ソフトウェアのリストを比較し，重要なシステム・ソフトウェアがすべてレビューされたか判断する。これには，外注／ベンダーによるシステムも含まれる。
2．監査人が割込探知，ウィルス・プロテクション，および，その他のサイバー脅威コントロール措置をレビューしたか判断する。
3．サーバやPCも含め，システムのすべてについて正当に取得されたソフトウェアのみが使用されていることを保証するような方針，基準，および，その遵守について監査が実施されたか検証する。
4．**システム・ソフトウェアに関する内部監査活動の全体的妥当性について結論を出す。**

	監査調書との照合	イニシャル／日付

E．アプリケーション・システム監査

1．システムの侵入（内部，外部，または意図的かどうかにかかわりなく—認証されていないエントリー／アクション）に対する脆弱性の監査が実施されたか？
2．主なビジネス機能のためのアプリケーション・システム監査の結果をレビューする。終了した監査のリストと高リスク・システムのリストを比較する。高リスク・システムには，財務や人的資源のアプリケーションが含まれる。
3．監査人はアプリケーション変更のマネジメント手続をレビューしたか？
4．監査計画は外注／ベンダーによるシステムのレビューも含んでいるか？
5．**アプリケーション・システム監査の全体的妥当性に関する結論を出す。**

	監査調書 との照合	イニシャル／ 日　付
	———	———

F．システム開発監査

1. すべてのタイプおよび規模のシステムに対し，その設計，開発，導入，テスト，運用，保守に対するコントロールズ，および，コントロールの変更について監査人が評価を実施したか判断する。

2. さまざまなライフ・サイクル・ステージにおけるシステム開発活動や新技術への移行に伴う組織的影響を監査人はレビューしたか判断する。もしレビューしているなら，その関与の性質および程度を記述する。リスク分析は重要な画期的事態が監査されるべきであるかを決定するのに利用されたであろうか？　IT監査リストと重要なシステム開発プロジェクトのリストとを比較する。

3. 内部監査活動が，システムが相当の妥当性を有し，手続がユーザー・フレンドリーであるか否かを示すドキュメンテーションをレビューしたか判断する。システム・テスト手続の完全性と正確性に関する内部監査活動が実施したレビューを評価する。

4. 新システムの開発や変更プロジェクトについて内部監査活動が通知される手段を検証する。

5. 組織体がIT運営委員会，あるいは，システム開発や長期の情報システム計画を監督するその他のグループを有している場合は，内部監査活動がそのグループにどの程度参画しているか評価する。戦略的計画策定／運用プロセスに関する内部監査活動が行った評価を検証する。

6. システム開発活動への内部監査活動の関与について，その全体的妥当性および適正性に関して結論を出す。

	監査調書との照合	イニシャル／日付

G．エンドユーザー・コンピューティング監査

1. データ・センターによって開発／維持されているものの他に，マネジメントが依拠するコンピュータ化されたアプリケーション（例えば，エンドユーザによって開発されたスプレッドシートやデータ・ベース・システム），そのプロセス・データ，および，生成レポートを監査人が認識しているか判断する。そのようなシステムや，そのシステムに対して実施された監査に伴うリスクを，監査人が自身のリスクの評価に基づいて評価しているか判断する。
2. コミュニケーションやデータ送信のネットワーク（LAN／WANやインターネットの）について，適切な対象範囲を保持しているか判断する。割込探知やサイバー脅威のモニタリングに関する技術はレビューされているだろうか？
3. 電子送金（EFT），電子データ交換（EDI）システムや，ウェブ・サイトも含めて，その他のB2BやB2Cのe-コマースの利用範囲，および，監査範囲の妥当性を判断する。
4. **エンドユーザー・コンピューティングに対する監査業務の全体的妥当性に関する結論を出す。これには，関連する災害リカバリーやビジネスの復帰計画も含まれる。**

	監査調書との照合	イニシャル／日付

H．e-コマースおよびインターネット監査

1. e-コマースおよびB2Bの利用範囲を判断する。特に以下に注目する：

- pos，ジャスト・イン・タイム，自動発注，自動手形振出，その他の電子的技術を採用する取引上のパートナーシップ。
- マーケティング，情報提供，あるいは電子取引に利用するインターネットやネットワークのサービス・プロバイダ等の公共ネットワーク。

2．e-コマースに関する以下のような諸項目の監査範囲をレビューする：
- セキュリティ―アクセス／確認，正確性，および，完全性。
- 不正発見。
- エラーおよび不正に対する責任の明確化。
- 割込探知およびサイバー脅威マネジメント。
- e-コマースおよびウェブ・サイトに対するリカバリー能力／適時性。

3．e-コマースおよびインターネット利用に関する内部監査活動範囲の妥当性に関する結論を出す。

	監査調書との照合	イニシャル／日付

I．情報セキュリティ監査

1．情報セキュリティ監査を実施する監査人の資格，および，その実施の範囲について判断する。
2．ウィルス・プロテクションやその他のサイバー脅威は内部監査によるレビューの一部であるか，また，その範囲について判断する。
3．監査が実際にセキュリティ対策をテストしているか，あるいは，マネジメントや外部者によるセキュリティ・テストの有効性および結果を確認しているか検証する。
4．情報セキュリティ監査の範囲は，会社，ベンダー，

あるいは，第三者によって所有／実施されるセキュリティのすべての電子フォームを含んでいるか？
5．情報セキュリティの範囲の妥当性について結論を出す。

監査調書との照合	イニシャル／日付

J．インテグレイション（統合）

すべての監査人に対する適切な技術的スキルと，現行あるいは計画された技術環境が求める特殊な専門技術を提供することを内部監査管理者がどのようにして保証するのか判断する。

監査調書との照合	イニシャル／日付

K．電気通信およびネットワーク監査

1．組織体がすべてのビジネス・プロセスで依拠する電気通信（データおよび音声）の範囲について判断する。以下のような諸項目が含まれるが，これに限定されるものではない：
  ・ローカル・エリア・ネットワークを利用する小規模のワーク・グループ。
  ・ワイド・エリア・ネットワークを利用する部門間のデータ・フロー，および（または）クライアント／サーバ・コンピューティング。
  ・国内または国際電気通信ネットワーク，専用・非専用を問わない。
  ・付加価値ネットワークおよび（または）VANサービス・プロバイダ，自動手形交換所やその他の電子データ交換の際に用いられる。
  ・インターネット・システムおよびサービス。

2．監査範囲は電気通信に伴うビジネスおよびテクノロジー問題やリスクに対応しているか判断する。導入および保守手続，物理的プロテクション，または論理アクセスとダイアル・インのセキュリティ等のリスクはレビューすべきである。

監査調書との照合	イニシャル／日付

L．コンピュータ利用監査ツール

1．データの抽出および分析のため，監査人用に開発された監査ツールはリスクの領域を明らかにし，リアルタイム／オンライン・テストを実施しているか？
2．監査人はツール利用の教育を受け，その利用を奨励されているか？
3．ツール利用支援が組織体の内部あるいは外部から監査人に対して提供されているか？
4．ツールの有効利用を制限する最重要ファクターを明らかにする。
5．監査プログラムおよびこれと相互に影響を及ぼすコンピュータ化されたツールはコントロールされているか？
6．内部監査活動のための監査ツール，および，その他のテクノロジーの妥当性に関する結論を出す。

監査調書との照合	イニシャル／日付

M．全　般

1．行動規範（あるいは類似のドキュメント）はコンピュータおよびインターネットの利用についてもこれを対象としているか判断する。
2．従業員はすべて，倫理に関する方針および規則の遵守についての同意書にサインをすべきであるか判断す

る。
3．監査はPCのハードウェアおよびソフトウェアの取得およびコントロールについても対象としているか？

ツール16

生産性および価値の付加についての評価

手続——本モジュールの目標は活動報告書を評価し，内部監査活動（IA活動）がいかにしてプログラム達成をモニターし，組織体に価値を付加したかを判断することにある。内部監査活動が定期的に測定すべきプログラム全体における進捗度を測る測定規準および報告書の内容をまず決定することが有効であろう。

	監査調書との照合	イニシャル／日付

A．監査報告書（基準2400）

1．監査報告書のリストをレビューする。
2．監査開始日，実施されたフィールドワーク，報告書，および，関連する時間数に関して自己調査の正確性を検証するため，監査調書および監査報告書をテストする。他の分析を利用するのに日付および時間数が十分に正確であるか判断する。実施された業務および結果が報告書のコメント／勧告を裏付けるものであるか判断する。
3．報告書の適時性を開始日，フィールドワーク完了日，および，監査報告書発行日と比較して評価する。重要なタイム・ラグがある場合は，その理由を確認し，改善が望ましいか判断する。

	監査調書との照合	イニシャル／日付

B．監査計画の完了（基準2030）

1．今年および前年度の監査計画をレビューする。（ツール2——自己調査書）

ツール16 ◆ 生産性および価値の付加についての評価

2．現在進行中の監査のリストをレビューする。（自己調査書）

3．進行中の監査の現状に関する情報を入手する。これには実際，あるいは，希望完了日も含まれる。（自己調査書）

4．前年度の計画で実施されなかった監査計画プロジェクトについて，それを押し進める予定にしているか，あるいは，中止されるかを判断する。

5．進行中の業務，完了した業務，マネジメントの要望，および，リスク評価／計画策定中には予見しえなかったその他の優先事項を追跡するためのCAEの方法を評価する。CAEは取締役会（監査委員会）やCAEの上司に対し，計画達成に影響する要素についてどのように通知するのか？　付加価値要素となるものは伝達されているか？

6．直接時間のパーセンテージを判断する：内部監査活動の活動可能時間全体から管理に関するカテゴリーを減ずる；その残余を全活動可能時間で除す。

カテゴリー	時　間	パーセント
全活動可能時間	_____	_____
差引：　定期休暇／休日	_____	_____
病気休暇	_____	_____
訓練	_____	_____
その他間接	_____	_____
全間接	_____	_____
全直接時間	_____	_____
全直接時間中のコンサルティング部分	_____	_____

注：有効な内部監査活動といえるのは直接時間として75

〜80パーセントであろう。
　a．管理業務に利用される時間が監査計画の対象に不利な影響を与えるか判断する。
　b．**直接時間，および，管理のために課された時間のパーセンテージの妥当性に関する結論を出す。**

監査調書との照合	イニシャル／日付

C．特別プロジェクト（基準1110.A1）

1．内部監査活動により提供された特別プロジェクトのリストをレビューする。（自己調査書）
2．テストの基準に関して：
　a．特別プロジェクトは，当然のことながら，取締役会，あるいは責任ある経営陣によって承認され，また，彼等に対し報告がなされたか判断する。
　b．特別プロジェクトは独立性を損なう可能性のある種類であるかを判断する。もしそうなら，その障害を軽減するようないかなるステップがとられているか検討する。
　c．特別プロジェクト遂行に際し，監査実施に関する正規の内部監査活動基準が遵守されているか（例えば，監査調書基準，計画策定手続，等）判断する。

ツール17

個別監査調書ファイルのレビュー・プログラム

手続 —— 本モジュールの目標は内部監査活動スタッフに対し提供される指針と，個々の業務の計画策定，実施，報告，およびフォロ・アップに関するマネジメントとの調整の有効性を評価することにある。この目標の大半は，選択された業務の監査調書を検証することにより達成される。以下のレビュー・ガイドは内部監査活動スタッフおよび監督者がIIA基準を厳守しているかを判断し，内部監査活動の有効性を向上させるための勧告が拠るべき情報を提供するためにデザインされている。

レビューされる監査調書ファイル／報告書に関する以下の情報を記載する：
監査の名称 ＿＿＿＿＿＿＿＿＿＿＿＿＿＿＿＿＿＿＿＿＿＿＿
実施日 ＿＿＿＿＿＿＿＿＿＿＿＿＿ 報告書発行日 ＿＿＿＿＿＿＿＿＿＿
品質評価チーム・メンバー名 ＿＿＿＿＿＿＿＿＿＿ レビュー日 ＿＿＿＿＿＿

注：必要であれば，監査調書参照コラムを利用して，関連性のある調書（レビューされた監査調書から品質評価の調書に至るまで）を引用し，あなたのコメントや結論を支援すること。イニシャル／日付線の下，右余白に簡単なメモやコメントを書く。より長いコメントや勧告を添付するか，あるいは，それらが討議されている"観察および問題点ワークシート"で関連するものに参照をつける。

	監査調書との照合	イニシャル／日付
A．業務の計画策定（**基準2200-2240**），これには5つの重要な要素が含まれる —— バックグラウンド情報，	＿＿＿＿	＿＿＿＿

監査対象者との協議（初回の意見交換会を含む），関連するコントロールズの予備的調査，業務計画策定メモ，および，業務ワーク・プログラムである。

1. 業務に先立ち，収集されたバックグラウンド情報の関連性および完全性を評価する。以下の諸項目は，業務チームが，監査対象者の構造，機能，および，アカウンタビリティをレビューする際に検討／レビューされるべき項目例である：
   - 組織図，財務予算，および，報告書。
   - 関連性のある組織体の方針およびプロセス（特に最近の変化）
   - 業界および関連する行政の規制における展開／実践。
   - 過去の内部監査活動業務およびその監査調書。
   - 外部監査およびコンサルティング報告書（入手可能なら，その調書）。

2. 監査対象者との協議プロセス（初回の意見交換会を含む——コントロールズの予備的調査の前後を問わない）をレビューする。マネジメント・コントロール，ビジネス・プロセス，およびアカウンタビリティに関する情報収集に利用された方法を評価する。調査，インタビュー，現地視察といった技法も同様である。初回の意見交換会には以下のような項目が含まれているかを判断する。：
   - 業務に対する監査対象者の期待および提案。
   - 業務の計画範囲および目標。
   - 監査対象のマネジメントの特別な関心および要望。
   - 自己評価の利用，および（または），監査対象スタッフの業務への参加の可能性。
   - 内部監査活動資源を増強し，サイクル・タイムを縮小する他の措置。

－いつ，誰と問題点および勧告の可能性について討議するか。
3．関連するコントロールズの予備的調査を評価する。──これには主な活動領域および関連するマネジメント・コントロールを対象とする，監査対象のマネジメントおよびスタッフとの討議，フローチャートの作成およびその他のシステム分析，システム・ウォークスルー，等々が含まれる。適切な事項が検討されているか，予備的調査結果が十分か，および，それらが適切に文書化されているかを判断する。以下は固有の項目例のいくつかである。：
　－システムおよびプロセスにおける強みと弱点（および，その理由）。
　－重要な方針および業務実践。
　－責任およびアカウンタビリティの明確な割当て。
　－コントロールを無効にする行為を回避／発見するための監督のレビューおよびコントロールズが十分か。
　－主なプロセス，システム，およびコントロールズは明らかにされているか？
　－高リスク／エクスポージャーの可能性は明らかにされ，テストのために記されているか？
　－プロセス改善の可能性はさらなるレビューのために記されているか？
　－重要な領域がレビューされず，あるいは，弱点が存在する可能性がテストのために記されていないなら，文書化されている内部監査活動の管理者と適切な討議がなされたか，および（または）何故なされなかったかの十分な説明があっただろうか？
4．計画策定メモ──業務範囲および目標は，バックグラウンド情報，予備的調査，および，監査対象者と

の討議によって明らかにされた重要な問題点を反映しているか判断する。特に：
- 時間予算および業務の各段階のタイミングを設定する際に，上記の問題点に関する十分な検討がなされたか？
- リスク評価やその他の内部監査活動の年度計画からもたらされた諸要素は考慮されているか（特に，年度計画および業務計画における重要な乖離がないか）？
- 専門家も含め，適切なスタッフが割当てられているか，また，自己評価，監査対象者スタッフの利用可能性，および，その他内部監査活動外からの補助者から得られる潜在的力がフルに活用されているか？
- 外部監査人による前監査および現在の計画された業務が，業務の結合可能性も含めて考慮されているか？
- もし，その他の監視／モニタリング機能（評価，プロセス改善策，品質保証，等々）がある場合には，その過去および計画された業務が，業務の結合可能性も含めて考慮されているか？

5．業務プログラム――下記に掲げられる諸要素，スタッフの適切な増強を反映するような変更，および，これらが内部監査活動管理者によって討議され，合意を得ているかを判断する。：
- 予備的レビューや計画策定メモに基づいている。
- 計画範囲および目標に基づいた適切な対象である。
- 内部監査活動管理者によってレビューされ，承認されている。
- 業務チームにプロセス改善，および，監査対象者への他のサービス提供の機会を探すことを促す。

準備および業務計画策定（改善の機会を明らかにする）の全体的妥当性について結論を出す。

	監査調書 との照合	イニシャル／ 日　付
B．業務の範囲（**基準2112-2130**）——業務プログラムで設定されている目標および範囲に基づく。保証基準の以下の5領域と並び，他の関連性あるコンサルティング・サービス領域も対象とすべきである。：	_____	_____

- 情報の信頼性および誠実性。
- 方針，計画，手続，法律，あるいは，規則の遵守。
- 資産保全。
- 資源利用の経済性および能率性。
- プログラムおよび業務の設定されたゴールおよび目標の達成（プログラムの有効性）。

1. 情報の信頼性および誠実性——システムおよびコントロールズが以下の諸項目を提供するかを判断するために，プログラムは適切な手続を含んでいたか？：
   - 適切，網羅的で，かつ，最新の記録。
   - 正当にレビューされ，かつ，承認された取引。
   - システムが生成した正確，適時，かつ，関連性ある情報。
   - 不正および誤謬を発見／回避する適切なコントロールズ。

2. 方針，計画，手続，法律，あるいは，規則の遵守——スキルおよび専門知識は業務チームに対して明示され，プログラムはこれらの事項のテストを含んでいたか？　また，それは適切に実施され，文書化されているか？　もし，そうでない場合は，省略についての適切な理由

および内部監査活動の管理者による承認はあるか？
3．資産の保全——プログラムは適切な手続を含んでいたか，および，その手続は適切に実施され，文書化されているか？　例えば，：
- 職務および職能の適切な分割。
- 適格な従業員間で慎重な取扱いを要する職務のローテーション。
- 適切な検証および調整手続。
- 権限を付与された監督者によるレビューおよび承認。これには抜き打ちのレビューも含む。
- 適切な資産および記録の物理的保全。
4．資源利用の経済性および能率性——プログラムは適切な手続を含んでいたか，および，その手続は適切に実施され，文書化されたか？　例えば，以下を対象として，：
- 実施基準および測定規準の明確な識別。
- 基準は秩序立ったゴールおよび目標で配列されているか？
- マネジメントおよびスタッフのアプリケーションに対する理解。
- 基準の適合性。
- 基準との乖離の識別および分析。
- 資源利用の非能率および不経済，および，その他の改善機会の識別および分析。
5．業務あるいはプログラムの設定された目標およびゴールの達成（プログラムの有効性）——プログラムは適切であったか？　また，その実施は以下を対象とするのに適切であったか？：
- 関連性ある目標およびゴールと，これにどの程度適合するかを測定しうるシステムの識別および評価。

- 業務あるいはプログラムの有効性を評価するための適切な測定規準。
- 目標およびゴールの適合性に関する判断。
- 監査対象者の技法およびデータは有効性を測定し，適切な改善活動をさせたか否かの評価。
- 改善プロセスは業務およびプログラムの一部であることの証拠。
- 業務チームは追加の改善の可能性および監査対象者へのその他のサービス提供機会を探し，かつ，追求したことの証拠。

業務範囲およびこれに関連するプログラムと，業務およびその誠実な実行に関して適切な人員配置を行ったことの証拠の全体的妥当性について結論を出す。内部監査活動のこの領域における改善の機会を識別する。

	監査調書との照合	イニシャル／日付
C．情報の検証および評価（**基準2310-2340**）──業務チームが，どの程度うまくプログラムを実行し，業務を文書化し，かつ，結論および勧告を支援したかを評価する。	_____	_____

1．監査調書のレビューおよびテストを通して，業務チームの実施した業務の性質および程度は，明示された範囲および目標に適合し，プログラムを合理的に実行したことを表しているかを評価する。
2．監査調書は報告書の発見事項，結論，および，勧告を支援するか判断する。これらは状況，規準，リスク，および，影響を及ぼす可能性を示したか？

3．特に重要であると思われる監査調書の発見事項が報告書に含まれていなかったら，何故それが削除されたのかの説明を評価する。
4．監査手続を変更せざるをえなくなりそうな兆候に遭遇する状況での業務チーム／監督の関係と行動を評価する。――変更はされたか否か，および，新しい手続はどのように伝達され，承認されたのか（そして文書化されたか）？
5．監査調書作成の指針はラベリング，参照，内容，および，文書様式の基準を提案する。内部監査活動で自動監査調書パッケージが使用されている場合は，類似の基準が組み込まれ，その中に適切な電子的証拠について示されるべきである。以下の諸項目（あるいは合理的な代替案）を適用しているか判断する。：
- プログラムのクロス・リファレンス（他所参照）。
- 表題に業務，日付あるいは期間，および，監査調書が支援する特殊なテストあるいは手続を示すラベルを付ける。
- 作成者はイニシャルおよび日付を記入し，少なくともセクション毎の要約および詳細な監査調書の合理的サンプルについては，レビュー担当者がイニシャルおよび日付を記入する。
- 系統だった索引および番号を付ける。
- 検証された／テストされた情報あるいは資料の出所をはっきりと示す文書あるいは参照の記入。
- 使用される記号を説明する脚注。
- サンプルやその他のテストされた項目はどのように選択されたかに関する十分な説明／正当性。
- テスト結果，結論，および，勧告の要約の記述。
- 発見事項，勧告，および，改善活動に関して監査対

象者と討議したことの証拠の提供――監査対象者の対応も，それが適切な場合は記す。"未決"あるいは，その他の解決されていない事項の証拠はないこと。
- 秩序立った方法によるファイルで永久保存する。

プログラム全体の実行，および，その他の業務実施要素に関する結論を出す。これらは監査調書により証拠付けられる。改善の機会やその他の"ベスト・プラクティス"代替案を識別する。

	監査調書 との照合	イニシャル／ 日　　付
D. 専門職としての正当な注意（**基準1220**）――主として，マネジメントが不正を抑止および発見することに貢献するのに採用される追加的注意および手続に関連している。	_____	_____

1. マネジメントが監査領域のエクスポージャー／リスクに応じて，内部コントロールズの妥当性／有効性をテストし，評価することに貢献するために監査人は何をしたか判断する。また，監査の各段階が不正の抑止および発見のために合理的であったか判断する。例えば，監査人は以下のような判断をしたか？：
   - 組織体の環境は適切なコントロール意識を育成したか？
   - 現実的な組織体のゴールおよび目標が設定されたか？
   - 行動規則を含む，文書化された方針の存在――違反が発見された場合に禁止された行動ないし活動が記述

されているか？
- 取引，契約，および，その他の資源引渡に関して適切な権限付与方針が設定され，維持されているか？
- 行動をモニターし，資源を保全するための方針，手続，報告，および，その他のメカニズムが，特に高リスク領域において設定されているか？
- 適切かつ信頼しうる情報をマネジメントに提供する伝達経路が，特に，極秘の従業員による報告に関して，存在するか？
- コントロールズ強化の機会が存在する可能性があり，その中に，勧告と同様に，討議および検討が含まれているか？

2．監査人は不正を許すような機会に注意をしているか判断する。発見した場合，内部監査人は：
- 不正を示す他の指標（これには，認められない取引，コントロールズの無効化，説明されない例外，通常でない傾向，あるいは，これらに類似の例外がある。）を直接発見しうる追加的なテストおよび調査を行ったか？
- 不正が行われたと判断され，また，是正の段階を含む，次の行動をどうとるべきか決まるまで，その指標を追跡したか？
- 組織体の関係当事者に通知し，適切な行動をとることを決定したか？

内部監査人が専門職としての正当な注意について学習したか，与えられた環境下で必要な手続を実施したか，同様に，これらの事項を適切に報告書の対象としたかについて結論を出す。

ツール17◆個別監査調書ファイルのレビュー・プログラム

監査と報告プロセスの改善，および，マネジメントが不正の防止および発見に対するコントロールズを改善しようとするのに貢献するためのさらなる機会を識別する。（これには，不正防止および発見の新技法やベスト・プラクティス，例えば，"ソフト・コントロールズ"質問書，不当あるいは疑わしい活動を報告する従業員極秘ホットライン，および，コントロールズの幅広い自己評価・評価・報告等が含まれる。）

	監査調書との照合	イニシャル／日付

E．業務完了に関する監査対象者への通知（**基準2300**）——監査調書で証拠付けられたプロセスの有効性を評価する。

業務期間中の通知（報告事項が出る可能性，および，その他の重要な問題点）のタイミングおよび内容の評価，最終／出口意見交換会の日程と出席者（"終結"に到達する可能性を高める），および，関連する監査対象者とのカスタマー・リレーション問題を含む。

	監査調書との照合	イニシャル／日付

F．監督（**基準2340**）——業務の監督の質を評価する。同様に，スタッフ強化策，適切性，監督者／レビュー担当者と業務チームとの間のコミュニケーションのタイミング，監督による関与の適切な文書化も評価する。

1. 監督の指針として次の諸項目が含まれているか判断する。：
   - 業務の準備および計画策定，監査対象者からのインプットの入手，範囲および目標の決定，および，プログラムの準備に対する適切な関与。
   - 必要であれば，内部監査活動資源の導入への貢献。これには監査対象者による自己評価の奨励や業務への参加が含まれる。
   - 業務期間中に，範囲および目標の変更可能性，監査対象者の要望，微妙な問題点，等々について討議するための，適切で適時な時間的余裕。
   - 調書および報告書草案の適時なレビュー。（できれば，詳細な"ピアー"レビューと監査調書の要約，および，重要な発見事項と報告事項となる可能性のある事項に対する高レベルのマネジメントによるレビューとを階層化する。）
   - 議事事項の作成も含め，適切で適時な最終／出口意見交換会への関与。
2. 監査調書に，監督指針およびレビューの適切な証拠があるか判断する。監督／レビューの役割のレベルとその関与が業務に加えた価値の両者を検討する。

監督指針およびレビューの妥当性について結論を出す。監督のプロセスおよび業務スタッフの強化の両方において，改善の機会を識別する。

	監査調書との照合	イニシャル／日付
G．結果の伝達とフォロ・アップ（**基準2400-2500**）	—— _____	_____

報告書の準備および発行のサイクルの有効性，報告書の適切性，および，フォロ・アップ導入の妥当性を評価する。

1．発見事項あるいはプロジェクトを完了するのに要する時間によって，中間報告書の作成が望ましいものとなる場合，その報告書は，監査対象者が最終報告書を待つ間に，関連性ある情報（例えば，改善活動の開始）を提供したか判断する。

2．最終／出口意見交換会までに，適切な草案，あるいは，アウトライン報告書が準備されたか判断する。これを準備するのは，監査対象者と業務チームが対面し，重要な発見事項や報告事項が出る可能性のすべてについて討議できるようにするためである。この種の草案／アウトラインは報告事項となる可能性のある事項を監査調書によって適切に参照できて，十分記述されているか監査調書に照らしてテストされる。

3．最終／出口意見交換会メモは，マネジメントの対応および意思決定に関する適切な証拠を含んでおり，勧告の可能性があることについて彼等が合意していること，合意していない場合は，適切な代替活動をとったこと，または，改善策をとらなかったことによるリスクを意識して想定していることを示しているか？

4．適切で適時な監査対象者との討議，相違点の解決，対応する／計画された是正措置の決定に関する証拠について，報告書の合意および発行プロセスをレビューする。

5．最終報告書は重要な問題点と"マイナー事項"（より高位のマネジメントの関与なしに監査対象者が解決する，あるいは，内部監査活動が機敏にフォロ・アップする）を分類／分離したか？

6. 上記1〜4で文書化／討議したプロセス，報告書の配布および適時な発行に関連し，最終報告書をレビューし，評価する。
7. 適切な是正措置をとること，あるいは，より高位のマネジメントに適切な伝達をすることを確実にするため，適時なフォロ・アップ（必要なら，繰り返し）がされたか判断する。
8. 重要事項はどのようにして上級経営者および取締役会に伝達されるかについて質問する。（例えば，重要問題に関する定期的エグゼクティブ・サマリーの中における，報告書作成という業務を超えて，適用可能な是正措置や，さらには，ベスト・プラクティスの普及についての改善策等。）

報告書の合意，発行，および，フォロ・アップのプロセスの妥当性について結論を出し，改善の機会を識別する。

	監査調書との照合	イニシャル／日付

H. 業務管理（**基準2030**）――時間予算やその他の業務プロセス改善ツール活用の有効性評価。
1. 監査調書は以下を識別する時間予算分析を含んでいたか？：
   - 業務セグメントごとの予算時間および実際時間。
   - 差異，重要な差異はその説明付きで。
2. 監査調書は，監査対象者との関係や，ツール，技法など有効性向上に資する業務上の問題および改善可能性に関するメモを含んでいるか？　特に，これらのメモは業務の実施および報告書発行のサイクルにおける

ツール17◆個別監査調書ファイルのレビュー・プログラム

改善の可能性に対処していたか？

3．CAEおよび（または）その他の内部監査活動管理者が適時性の基準に基づいて，有効性を向上させる業務上の問題および機会に注目していることを確かめる手続が確実に存在したか？　また，これに対応する証拠が監査調書に存在したか？

業務管理の有効性とその継続的改善に関する結論を出す。

監査調書と報告書の両方を対象とした本レビューに関して，重要な結論や改善のための勧告を参照しながら，全体的結論を述べる。

ツール18

観察および問題ワークシート

範囲／トピック／問題点 _____
特別なトピック／問題点 _____

関連する調書またはその他の文書 _____
品質評価チームメンバーの観察／コメント _____
_____
_____
_____

勧告 _____
_____
_____

討議の相手と時刻 _____ 日付 _____
内部監査活動／CAEは勧告に賛成しているか？　はい　□　いいえ　□
上記のコメント（もし，「いいえ」なら，反対理由／選択／代替案のリスト）
_____

報告書に記載済み？　はい　□　いいえ　□　もし，「はい」なら，報告書参照
チーム・メンバーおよび日付 _____　チーム・リーダーおよび日付 _____

ツール19

基準遵守性評価サマリー

(該当するものを○で囲む)

		GC	PC	DNC
全体的評価		GC	PC	DNC
属性基準		GC	PC	DNC
1000	目的，権限，および責任（規程）	GC	PC	DNC
1100	**独立性と客観性**	GC	PC	DNC
1110	組織上の独立性	GC	PC	DNC
1120	個人の客観性	GC	PC	DNC
1130	独立性または客観性の侵害	GC	PC	DNC
1200	**熟達した技能および専門職としての正当な注意**	GC	PC	DNC
1210	熟達した技能	GC	PC	DNC
1220	専門職としての正当な注意	GC	PC	DNC
1230	継続的な専門能力の研鑽	GC	PC	DNC
1300	**品質保証および改善プログラム**	GC	PC	DNC
1310	品質プログラムの評価	GC	PC	DNC
1311	内部評価	GC	PC	DNC
1312	外部評価	GC	PC	DNC
1320	品質プログラムの報告	GC	PC	DNC
1330	「基準に準拠して実施された」の用語の使用	GC	PC	DNC
1340	不完全な遵守の開示	GC	PC	DNC

(該当するものを○で囲む)

業務基準		G C	P C	D N C
2000	内部監査活動の管理	G C	P C	D N C
2010	計画策定	G C	P C	D N C
2020	伝達および承認	G C	P C	D N C
2030	監査資源の管理	G C	P C	D N C
2040	方針と手続	G C	P C	D N C
2050	調整	G C	P C	D N C
2060	取締役会および上級経営者への報告	G C	P C	D N C
2100	業務の性質	G C	P C	D N C
2110	リスク管理	G C	P C	D N C
2120	コントロール	G C	P C	D N C
2130	ガバナンス	G C	P C	D N C
2200	業務計画の策定	G C	P C	D N C
2201	業務計画における考慮事項	G C	P C	D N C
2210	業務目標	G C	P C	D N C
2220	業務範囲	G C	P C	D N C
2230	業務資源の配分	G C	P C	D N C
2240	業務実施プログラム	G C	P C	D N C
2300	業務の実施	G C	P C	D N C
2310	情報の識別	G C	P C	D N C
2320	分析および評価	G C	P C	D N C
2330	情報の記録	G C	P C	D N C
2340	業務の監督	G C	P C	D N C
2400	結果の伝達	G C	P C	D N C

2410	伝達の規準	G C	P C	D N C
2420	伝達の品質	G C	P C	D N C
2421	誤謬および脱漏	G C	P C	D N C
2430	基準が遵守されない場合の開示	G C	P C	D N C
2440	業務結果の周知	G C	P C	D N C
2500	継続的なモニタリング	G C	P C	D N C
2600	経営者のリスク許容度	G C	P C	D N C
	倫理綱要	G C	P C	D N C

評価者名／サイン _____ 日付 _____

基準および倫理綱要への遵守性を評価するための全般的ガイドライン

・個々の**基準**（1110—組織上の独立性，2420—伝達の品質，等々）を検討する。これには，その各々に関連する実施準則（保証およびコンサルティングサービスに追加的指針を与える）が含まれる。そしてその各々に対する内部監査活動の遵守の程度に関し結論を出す。
・**基準の各セクション**（番号"00"で終了する太字の**基準**：1200 — 熟達した技能および専門職としての正当な注意，2300 — 業務の実施，等々）について検討し，内部監査活動の各セクションへの全体的遵守性について結論を出す。この結論は，セクション内の関連する個々の**基準**についての結論，および，品質評価で行われた他の関連性ある観察に基づく。
・上記**基準**の各セクションについてと同様に，内部監査活動の，**基準の主要なカテゴリー**（属性および業務基準）への遵守の程度に関する結論を出す。次に，内部監査活動の全体としての**基準**への遵守に関する全体的評価（この評価様式の最初の行）を行う。
・**倫理綱要**における4原則および関連する倫理行為規範を検討し，内部監査活動の管理者およびスタッフは原則の各々を維持し，関連する倫理行為規範を適用しているか否か結論を出す。

G C (Generally Conforms)——"**全般的に遵守している**"は，内部監査活動は，その構造，方針，および，手続が適切であり，同様に，そのプロセスは**個々の基準**の要求，あるいは，**倫理綱要**の要素をすべての点において遵守していると評価担当者が結論を出したことを意味する。**セクションや主要なカテゴリー**に対しては，個々の**基準**，あるいは，**倫理綱要**の要素の大部分を全体的に遵守していること，また，部分的にはセクション／カテゴリー内のその他を遵守していることを意味する。重要な改善機会があるとしても，そのことによって，内部監査活動が**基準**あるいは**倫理綱要**を実行しない，これらを有効に適用しない，あるいはこれらで示された目標を達成できないという状況を現すことにはつながらない。

PC（Partially Conforms）——"部分的に遵守している"は，内部監査活動は，個々の**基準**の要求あるいは**倫理綱要**の要素，セクション，または，主要なカテゴリーを遵守しようと誠実に努力しているが，その主要な目標のいくつかを達成することに失敗していると評価担当者が結論を出したことを意味する。これらは通常，**基準**または**倫理綱要**の適用，および（または），その目標の達成を有効に行うことに重要な改善の機会がいくつかあることを現す。この欠陥のいくつかは，内部監査活動のコントロールを超えており，組織体の上級経営者や取締役会への勧告という結果になることもある。

DNC（Does Not Conform）——"遵守していない"は，内部監査活動は，個々の**基準**の要求あるいは**倫理綱要**の要素，セクション，または，主要なカテゴリーの目標に気付いておらず，これを遵守しようと誠実に努力していないか，あるいはその多く／全部の達成に失敗していると評価担当者が結論を出したことを意味する。これらの欠陥は通常，内部監査活動の有効性，および，組織体に価値を付加する可能性に重要な否定的影響を及ぼす。さらに，上級経営者や取締役会による措置も含め，重要な改善機会が存在することを現す。

「基準を全般的に遵守している」という意見のための指針

　以下は**基準**の解釈を意図したものではない。むしろ、これらのコメントは、「**基準を全般的に遵守している**」という意見に達する際に考慮されるべきである。多くのコメントは、そうすることがもっとも能率的な場合には**基準**を直接に引用している。引用文の正式な内容を完全にするためには、IIAの「**基準**」や「**ガイドライン**」を参照すること。

属性基準

1000 目的，権限，および責任

　内部監査活動の目的，権限，および責任は基準と符号し，かつ取締役会（監査委員会）によって承認された内部監査基本規程において正式に定義されるべきである。組織体に提供される保証業務の性質は基本規程に定義されるべきである。保証が組織体外の第三者により提供される場合においても，同様に基本規程に定義されるべきである。コンサルティング・サービスの特質は基本規程において定義されるべきである。

1100 独立性と客観性

　内部監査活動は独立でなければならず，内部監査人はその業務を実施するにあたり，客観的でなければならない。

1110　組織上の独立性。CAEは内部監査活動の責任を果たすことができるための十分な組織体の一定以上の階層にある人に報告しなければならない。また内部監査の範囲の決定，業務の実施，結果の報告に際し，妨害を受けることがあってはならない。最も良いのは，CAEが管理上，CEOに（あるいは，CEO報告書で）報告（あるいは，直接接触）し，機能上，取

締役会／監査委員会に報告することであろう。

1120　個人の客観性。おそらく，誰しもの心の状態である。内部監査人は，公正，普遍の態度を保ち，利害関係を有してはならない。監査人は，発見事項の追及を行える自由を感じなければならないし，その発見事項や勧告の作成および報告について制約を受けてはならない。

1130　独立性または客観性の侵害。独立性または客観性が事実上または外見的に侵害された場合は，その侵害の詳細を適切な関係者に対して明らかにするべきである。内部監査人は，過去に責任を負っていた（監査人が責任を負っていたときから少なくとも1年以上経過していない領域）特定の業務については，その評価を控えなければならない。CAEが責任を負っている機能に対しての保証業務は内部監査活動の外部の者により監督されなければならない。内部監査人は，過去に責任を負っていた業務に関連し，コンサルティング・サービスを提供することがあってもよい。内部監査人は，求められたコンサルティング・サービスに関連して，独立性や客観性が損なわれる可能性がある場合には，この業務を受け容れる前に業務の対象者にその旨を明らかにしなければならない。

1200　熟達した技能および専門職としての正当な注意

　内部監査は，熟達した技能と専門職としての正当な注意をもって遂行されなければならない。

1210　熟達した技能。内部監査人は責任を遂行するために必要な知識，スキル，および，その他の能力を個々および集団として有していなければならない。特定の，あるいは専門的知識（内部監査活動内での入手可能性を超える）が必要な場合，CAEは要件を満たす適切な資源を入手しなければならない。内部監査人は不正を示す指標の識別に関して十分な知識を持っていなければならないが，不正の摘発や調査が主要な責任である専門知識の持ち主であることを期待されているわけではない。CAEは内部監

査スタッフに，コンサルティング業務の全部または一部を実施するのに必要な知識，スキル，あるいは，その他の能力が欠けている場合には，当該業務を断るか，あるいは，適切な助言と支援をしなければならない。

1220 専門職としての正当な注意。内部監査人は以下の諸項目を考慮し，内部監査人として期待されている合理的な慎重さと能力をもって注意を払い，スキルを適用しなければならない。
・業務の目標達成に必要な作業範囲。
・保証手続が適用される事項の相対的な複雑性，重要性，あるいは重要度。
・リスク管理，コントロール，およびガバナンス・プロセスの妥当性および有効性。
・重大な誤謬，不当事項や法令違反の可能性。
・潜在的便益との関連における保証のコスト。
　内部監査人は組織体の目標，運営，あるいは経営資源に影響を及ぼす可能性のある重要なリスクを警戒しなければならない。しかしながら，専門職としての正当な注意を払って実施されたとしても，保証手続単独では重要なリスクすべての識別を担保するものではない。内部監査人はコンサルティング業務の遂行に際しては，以下の諸項目を考慮して専門職としての正当な注意を払わなければならない。
・監査対象者のニーズおよび期待。これには業務の特質，適時性，および，結果の伝達が含まれる。
・相対的な複雑性と業務目標達成に必要な仕事量。
・潜在的便益との関連におけるコンサルティング業務のコスト。

1230 継続的な専門的能力の研鑽。内部監査人は継続的専門的能力の研鑽を通じて，知識，スキル，および，その他の能力を向上させなければならない。最少訓練時間が設定されなければならない。コアとなるカリキュラムが設定されなければならない。このカリキュラムは組織体，部門，および，個人の人格的および専門的能力の研鑽のゴール，ニーズ，および，関心が縫い合わさったような多様で柔軟なプログラムにより補完される。

1300　品質保証および改善プログラム

　CAEは内部監査活動のすべての局面を対象とする，同時進行的品質保証および改善プログラムを作成し，継続してその有効性をモニターしなければならない。

1310　品質プログラムの評価。内部監査活動は品質プログラムの全体的有効性をモニターし，評価するプロセスを採用しなければならない。(これには内部および外部評価が含まれる。)

1311　内部評価。これには次のものがある。
　　　内部監査活動の業績についての同時進行的レビュー
　　　自己評価によって，あるいは，組織体内の適格な他者によって実施される定期的レビュー。

1312　外部評価。組織体外部から，適格で独立したレビュー者，あるいは，レビュー・チームによって，少なくとも5年毎に一度の割合で実施される。

1320　品質プログラムの報告。CAEは外部評価結果を取締役会／監査委員会に伝達しなければならない。

1330　「基準に準拠して実施された」の用語の使用。内部監査人は，その活動を「『**内部監査の専門的実施の基準**』に準拠して実施した」と報告することが望ましいが，そういえるのは，品質改善プログラムの評価によって，内部監査活動が**基準**に準拠していると証明された場合だけである。

1340　不完全な遵守の開示。**基準**（内部監査活動の）および（または）**倫理綱要**（内部監査人の）は完全に遵守されない場合もありうる。違反が内部監査活動の全般的な監査範囲または運営に影響を及ぼす場合には，その情報は上級経営者および取締役会／監査委員会に開示されなければならない。

業務基準

2000　内部監査活動の管理

　CAEは，組織体への価値の付加を確実にするために，内部監査活動を有効に管理しなければならない。

2010　計画策定。組織体の目標と整合するように，少なくとも年に一度，内部監査活動の優先順位を決定する際に，リスク・ベースの計画／評価が作成され，企図されなければならない。上級経営者および取締役会はこのプロセスに積極的に参画すべきである。彼等の情報はこのプロセスに盛り込まれなければならない。CAEは，要請されるコンサルティング業務によって，リスク管理，価値の付加，および組織体の運営が改善される可能性に基づいて，業務受諾の是非を検討しなければならない。受諾した業務は計画に盛り込まなければならない。

2020　伝達および承認。CAEはレビューおよび承認のため，監査計画および監査資源の要請（これに加えて，重要な当面の変更も）を上級経営者および取締役会／監査委員会に伝達しなければならない。監査資源の制約による影響も報告すべきである。

2030　監査資源の管理。内部監査資源は，承認された計画の達成や，計画年度中において，より高い優先順位の問題点やプロジェクトが発生する可能性に対して対応できる能力を確実にするため，効果的に配分されなければならない。

2040　方針と手続。文書化された方針および手続が，内部監査活動の指針となるよう，整備されなければならない。

2050 調整。CAEは，適切な監査範囲を確保し，作業の重複を極小にするため，関連する保証およびコンサルティング・サービスを提供する組織体内外の者と情報を共有し，その活動を調整しなければならない。

2060 取締役会および上級経営者への報告。CAEは，レビュー／承認のため，定期的に内部監査活動の規程を取締役会／監査委員会および上級経営者に示さなければならない。CAEはまた内部監査活動現在の実施状況を計画と関連づけて報告しなければならない。報告には重要なリスク，エクスポージャーとコントロール上の問題点，コーポレート・ガバナンスの問題点，および，その他の取締役会／監査委員会や上級経営者のニーズおよび要請による事項も含まれなければならない。

2100 業務の性質

内部監査活動はリスク管理，コントロール，および，ガバナンス・プロセスをその改善に向けて評価し，これらに貢献しなければならない。

2110 リスク管理。内部監査活動はリスクに対する重要なエクスポージャーを識別し，これを評価しなければならない。内部監査活動は組織体のリスク管理システムの有効性をモニターし，評価しなければならない。内部監査活動は，以下の諸項目が関連する組織体のガバナンス，運営，および，情報システムのリスク・エクスポージャーについて評価しなければならない。
・財務および業務情報の信頼性とインテグリティ。
・業務の有効性と能率性。
・資産保全。
・法令，規制，および，契約の遵守。
コンサルティング業務中に，内部監査人は業務目標に関連するリスクに注意を払い，他の重要なリスクの存在についても警戒しなければならない。内部監査人はコンサルティング業務中に得たリスクに関する知識を組織体における重要なリスク・エクスポージャーの識別および評価のプ

ロセスに組み込まなければならない。

2120 コントロール。内部監査活動はコントロールズの有効性および能率性を評価し，継続的な改善を促進しなければならない。コントロールの目標には，業務とプログラムのゴールおよび目標と同様に，上記2110セクションで示した4領域を含めなければならない。内部監査人は業務とプログラムのゴールおよび目標が設定されており，それらが組織体全体のゴールや目標と適合している程度を確認しなければならない。内部監査人は業務とプログラムが意図したとおりに実施されているか否かを判断するため，どの程度設定されたゴールおよび目標が達成されているかについて，業務とプログラムをレビューしなければならない。コントロールズを評価するには適切な規準が必要である。内部監査人は，目標およびゴールが達成されたか否かを判断するため，経営者がどの程度適切な規準を設定しているかを確かめなければならない。適切であれば，内部監査人はその評価にあたり当該規準を使用すべきである。もしそれが不適切であれば，内部監査人は経営者とともに適切な評価規準を設定するための作業をしなければならない。コンサルティング業務中に，内部監査人は業務目標に適合したコントロールズに注意を払い，重要なコントロールの弱点が存在しないか警戒しなければならない。内部監査人はコンサルティング業務から得たコントロールズに関する知識を組織体における重要なリスク・エクスポージャーの識別および評価のプロセスに組み込まなければならない。

2130 ガバナンス。内部監査活動は組織体のガバナンス・プロセスに，次のプロセスの評価および改善勧告によって貢献しなければならない。そのプロセスとは，価値およびゴールの設定と伝達，ゴール達成のモニター，アカウンタビリティの確保，価値の保全である。コンサルティング業務の目標は組織体の全体的な価値およびゴールと一致していなければならない。

2200 業務計画の策定

業務毎に公式な計画が作成されなければならない。

2201 業務計画における考慮事項。計画策定における考慮事項には、レビュー対象業務に関連する以下の諸点を含まなければならない。目標、重要なリスク、リスク管理とコントロール・システムの妥当性と有効性、および、リスク管理とコントロール・システムに対する重要な改善を施す機会である。内部監査人はコンサルティング業務の対象者と、目標、範囲、各々の責任、および、対象者が抱くその他の期待について、理解しあえるようにしなければならない。重要な業務については、その理解した内容を文書化しなければならない。

2210 業務目標。業務目標はレビューの対象に関連付けて、リスク、コントロールズ、および、ガバナンス・プロセスを指向しなければならない。業務目標はリスク評価の結果を反映しなければならない。内部監査人は業務目標作成に際し、重要な誤謬、不正、違反の可能性、および、その他のエクスポージャーについて考慮しなければならない。コンサルティング業務の目標は、業務の対象者と合意している範囲において、リスク、コントロールズ、およびガバナンス・プロセスを指向しなければならない。

2220 業務範囲。業務範囲は業務目標を十分に満たさなければならないし、第三者の管理下にあるものも含め、関連性のあるシステム、記録、人員、および、物的財産も考慮しなければならない。コンサルティング業務の実施に際し、内部監査人は合意された目標もうまく業務範囲の対象としなければならない。内部監査人は業務範囲について留保する場合、その留保理由を対象者と討議し、業務を継続するか否か決定しなければならない。

2230 業務資源の配分。業務目標達成を確実にするため，資源は有効に配分されなければならない。スタッフの配置は，業務個々の特質および複雑性，時間の制約，入手可能な資源を考慮しなければならない。

2240 業務実施プログラム。公式の監査業務プログラムが業務目標達成を確実にするために作成されなければならない。公式プログラムには目標，および，実施されるべき手続が含まれ，この目標達成のためには文書化されなければならない。プログラムは予め（業務開始前に），また，どのようなプログラムの変更も速やかに，承認を受けなければならない。コンサルティング業務のプログラムは業務の特質に応じて，形式および内容ともに多様になることもある。

2300 業務の実施

内部監査人は業務目標達成のために量的にも十分な情報を識別，分析，評価，および，記録しなければならない。

2310 情報の識別。識別された情報は，業務目標を達成するために量的に十分で，信頼性があり，関連性があって，かつ，有用でなければならない。

2320 分析および評価。業務の結果および結論は，適切に文書化された分析および評価に基づいていなければならない。

2330 情報の記録。業務の結果および結論は調書中の関連性ある情報によって裏付けられ，文書化されなければならない。CAEは業務記録へのアクセスをコントロールしなければならない。CAEは，この種の記録を適切だとして外部者に公開する前に，上級経営者，および（または），法律顧問から承認を得なければならない。CAEは業務記録の管理保全，同様に，その内部および外部者への公開の方針を策定しなければならない。これらの方針は組織体のガイドライン，および，これに直接関係のある諸規則あるいはその他の要件と一致していなければならない。

2340 業務の監督。業務は，目標の達成，品質の保証，スタッフの教育啓発を確実なものにするため，適切に監督されなければならない。監督を実施したことの証拠は，少なくとも調書のレビュー・プロセスを経て，文書化されなければならない。

2400 結果の伝達

内部監査人は業務の結果を速やかに伝達しなければならない。

2410 伝達の規準。伝達は業務の目標，範囲，結論（適用可能な場合には），勧告および是正措置の計画で構成されなければならない。業務が十分に行なわれたことが業務の伝達によって認知されなければならない。結果の最終報告には，適切な箇所に内部監査人による全体的意見が入っていなければならない。コンサルティング業務の進行状況および結果の伝達は業務の特質や対象者のニーズに応じて，形式および内容ともに多様になることになる。

2420 伝達の品質。伝達は正確，客観的，明確，簡潔，建設的，完全，および適時的でなければならない。

2421 誤謬および脱漏。業務の最終の伝達において重要な誤謬／脱漏が発見された場合には，CAEはオリジナルの伝達を受け取ったすべての個人に対し，訂正された情報を伝えなければならない。

2430 **基準**が遵守されない場合の開示。**基準**への違反が特定の業務に影響を及ぼす場合は，結果の伝達は以下を開示しなければならない。
・完全に遵守できなかった**基準**の項目
・違反の理由
・違反が業務に及ぼす影響

2440 業務結果の周知。CAEは業務の結果について正当な考慮を払うことが確

実と思われる適切な個人に対して結果を周知しなければならない。CAEはコンサルティング業務の最終結果を対象部門に伝達する責任がある。コンサルティング業務中に，リスク管理，コントロール，および，ガバナンスの問題点が判明することがある。組織体にとってこれらの問題点が重要である場合，その問題点は必ず上級経営者および取締役会に伝えられなければならない。

2500 継続的なモニタリング

CAEは，経営者が適時に有効な行動を起こせるように同時進行のモニタリング／フォロ・アップのシステムを設定および維持しなければならない。（これには，担当の管理者が最初にとる行動や，上級経営者が結果として対応する行動をとらなかったことによるリスクを受け容れる状況における変化も含まれる。）内部監査活動はコンサルティング業務の結果に関して対象者とどの程度協議できるかといった傾向についてもモニターしなければならない。

2600 経営者のリスク許容度

CAEは，組織体にとっては受け容れがたい水準の残余リスクを上級経営者が受け容れていると確信したときは，上級経営者との討議においてその状況を解決すべく積極的に働きかけなければならない。解決策が見いだせないときは，CAEおよび上級経営者は究極の解決のため，取締役会／監査委員会に当該事項を報告しなければならない。

ツール20

報告書 ── 説明情報

ツール20－A──**基準1312**で明らかにされた，外部評価としての品質保証レビューによる報告書例である。この報告書は，外部評価者により作成され，まず，このレビューを要請した，CAE（内部監査担当役員）等の権限のある者に送付される。

ツール20－B──自己評価についての報告書の要件について述べる。**基準1311**「内部評価」では，内部評価は，以下を含むものとしている。

・自己評価を通して，または内部監査実務および**基準**に関する知識を持つ組織体内の他の人々によって実施される定期的レビュー。

　この自己評価レビューは，通常，内部監査活動内，またはCAEの指示のもとで組織体内の他の機関によって準備される。このレビューは，独立の正当化担当者へ送付され，独立の正当化の一部となる場合もある。

ツール20－C──自己評価に伴い活用される外部独立の正当化担当者により作成される，独立の正当化についての報告書例である。フィールドテストを実施した後，独立の正当化担当者は報告書を作成し，このレビューを要請したCAE等の権限のあるものに送付する。

報告書の対象範囲

　ツール20－Aで対象とされる業務について完了されるべき評価，およびツール20－Bに関する独立の正当化を伴う自己評価について必要とされる業務は，以下に関する評価を含まなければならない。

・**基準**および**倫理綱要**に対する遵守性
・内部監査活動の規程，ゴール，目標，方針および手続の妥当性
・組織体のリスク管理，ガバナンス，およびコントロール・プロセスへの貢献
・関連性のある法律，規則，および政府または業界の基準に対する遵守性
・継続的改善活動の有効性とベスト・プラクティスの採用
・内部監査活動が価値を付加し，組織体の運営を改善するかどうか

伝達上の要件

　CAEは，レビューの結果，勧告および必要とされた行動計画を，必要な場合には，上級経営者へ，さらに取締役会へ伝達しなければならない。この伝達には，構造化された評価プロセスに基づく，内部監査活動の**基準**遵守性に対する意見が含まれなければならない。「遵守」という用語は，全体としての内部監査活動が，**基準**の要件を満たしていることを意味する。同様に「遵守していない」とは，内部監査活動の実務における欠陥の影響および程度が非常に重大なので，欠陥によって，内部監査活動の責任遂行能力が侵害されることを意味する。

ツール20-A

品質評価レビューの報告書例

〔XYZ社内部監査活動の品質評価〕

○年○月○日

目　次

	(ページ)
要　約	X
観察および勧告	X
パートⅠ——XYZ社の管理についての検討事項	
1．内部監査活動の独立性の強化	X
2．内部監査活動が，XYZ社の業務のうち対象とする範囲を拡大することに関する支援／促進	X
3．包括的監視／モニタリング領域の編集／実行	X
パートⅡ——内部監査活動特有の問題点	
1．内部監査活動の規程の更新	X
2．内部監査活動領域での対象範囲を拡張するための更新	X
3．内部監査活動と評価オフィスおよび外部監査人との調整のレビュー	X
4．内部監査対象者との関係の改善	X
5．勧告データベースのレビュー／浄化；より適時なフォロ・アップの要請	X
6．内部監査活動の資源およびスキル構成の再検討	X
付章Ⅰ——監査委員会規程モデル	X
付章Ⅱ——内部監査活動規程モデル	X

要　　約

　内部監査人協会（IIA）の指示を受けて，われわれは，XYZ社の内部監査活動に関する品質評価を行った。この品質評価の主たる目的は，内部監査活動のIIAによる**内部監査の専門職的実施の基準（基準）**に対する遵守性を評価し，内部監査活動がその使命（その規程において設定され，XYZ社の経営者の期待によって明らかにされている）を遂行する上での有効性を評価し，そしてその管理および業務活動を——XYZ社に対する価値と同様に——向上させるための機会を明らかにすることであった。

　この品質評価の準備の一環として，内部監査活動は詳細な資料を添付した自己調査書を作成し，それをスタッフおよびXYZ社役員の代表サンプルに送付した。この調査結果の要約およびこれに付随するコメントは，（個々の調査書回答者を明らかにしないようにして）内部監査活動に提供されている。X月X日に品質評価チームが現地で業務を開始するに先立って，チーム・リーダーは，背景となる情報をさらに収集し，現地訪問でのフィールドワーク中にインタビューする役員を選択し，品質評価計画の策定，および管理上の取り決めを行うために，予備的訪問を行った。XYZ社の外部監査人，役員（業務および支援部門の長を含む），および内部監査活動のスタッフとの広範囲のインタビューに加え，われわれは，地域管理者から選択された者に対するインタビュー（一部は，電話による）も行った。

　われわれはまた，内部監査活動のリスク管理および監査計画策定プロセス，監査ツールおよび方法，業務およびスタッフ管理プロセス，および内部監査活動の調書および報告書の代表サンプルもレビューした。

　われわれがレビューを実施した内部監査活動の環境は，十分に構造化され，かつ進歩的であった。そこでは，**IIA基準**は理解され，管理者は有用な監査ツールを提供し，かつ適切な実務を実行するために努力している。これらのツールおよび実務の中には，自動化された監査ソフトウェア，内部監査スタッフのためのプロフェッショナルな訓練（公認内部監査人資格取得向けの訓練を含む）の頻繁な実施，経営および財務コントロールズについての自己評価ツールを作

成し，その活用を奨励すること，リスクに焦点をおいた簡潔な報告書，対象者からの名声と信頼，がある。したがって，われわれのコメントおよび勧告は，内部監査活動の中にすでに存在するこれらの基盤をさらに増強しようとするものである。

われわれの勧告は，二つのグループに分かれる。

・XYZ社全体に関係し，上級経営者による行動を提案する勧告。その一部は上述した品質評価の範囲をこえる事項であるが，調査書やインタビューを通して，われわれが注目した事項である。われわれは，これらがXYZ社の経営者にとって有用であると確信するがゆえに，そしてこれらが内部監査活動の有効性と内部監査活動が付加できる価値に影響するがゆえに，これらを記載した。
・上級経営者の支援を得て，内部監査活動内で実行すべき，内部監査活動の構造，スタッフの配置，資源の配分等に関連する事項。

われわれの勧告のうち，重要性の高いものの要約は以下に述べる。その詳細は，報告書の本文に記載する。

パートⅠ——XYZ社の管理についての検討事項

1. **内部監査活動の独立性の強化**。取締役会（監査委員会）に対する報告の確立／公式化。最高経営責任者（CEO）との会合の回数を多くする。

2. **内部監査活動が，XYZ社の業務およびITのうち対象とする範囲を拡大することに関する支援／促進**。これには，内部監査活動の資源を効果的に活用し，活動の有効性を高めるための，後述する勧告の実行を支援することが含まれる。

3. **包括的監視／モニタリング領域の編集／実行**。これには，XYZ社の組織上の優先順位，主要な機会および目標，マネジメント・コントロールズ，お

よび報告のメカニズムに関する，企業リスク・ベースでの検査が含まれる。出発点として，XYZ社の戦略計画を用いる。戦略計画は，関連する部門および地域の経営計画における主要因である。リスク評価フレームワークの基礎として，独立の監視／モニタリング機能の業務を促進すると同時に，経営者による業績レビューを向上させるため，この領域を活用する。

パートⅡ──内部監査活動特有の問題点

1. IIAによる最新の規程モデルに準拠して，**内部監査活動の規程を更新**し，CEOおよび取締役会の承認を受けるため，これを提出する。

2. 更新された規程，XYZ社の新しい監視／モニタリング領域，および以下に述べるその他の勧告が示す線に沿って，**内部監査活動領域をXYZ社の業務および情報技術での対象範囲を拡張するように更新**する。

3. 内部監査活動と評価オフィス（EO／evaluation office）および外部監査人との調整のレビュー。その際，内部監査活動の規程およびリスク評価モデル，EOへの新しい報告ライン，および外部監査人の対象範囲に関するよりよい規程を考慮に入れる。

4. 「対象者担当」を任命し，これに関連するプロセスを復活させることにより，内部監査対象者との関係を改善し，彼らからの業務計画策定プロセスへの情報提供を改善する。

5. 勧告データベースのレビュー／浄化；より適時なフォロ・アップの要請。経営者の責任を増強し，責任ある役員のより日常的なフォロ・アップに移行する。

6. これらの勧告に照らして，**内部監査活動の資源およびスキル構成を再検討**する。

基準に対する遵守性に関する意見

われわれの意見としては，内部監査活動は，以下の**基準**を全般的に遵守している。

- 1000－目的，権限，および責任（規程）
- 1200－熟達した技能および専門職としての正当な注意
- 1300－品質保証／改善プログラム
- 2000－内部監査活動の管理
- 2200－業務計画策定
- 2300－業務の実施
- 2400－結果の伝達
- 2600－経営者のリスク許容度
- IIAの**倫理要綱**

なお，内部監査活動規程の更新，スタッフのスキルの構成，対象者との関係および情報入手，業務計画策定，および評価オフィスと外部監査人との調整のような領域において，さらに改善の余地がある。

われわれの意見としては，内部監査活動は，以下の**基準**を部分的に遵守している。

- 1100－独立性と客観性
- 2100－作業の性質
- 2500－継続的なモニタリング

なお，以下の事項に関して，重要な改善の余地がある。報告関係および独立性の強化。より包括的な対象領域の設計。XYZ社の業務および情報技術領域に関する対象範囲の改善，経営者による是正措置計画の実行に関するフォロ・アップの強化。

われわれは，現環境において，合理的な遵守性レベルにあると確信する。われわれの勧告を実行することにより，**基準**全体に対する遵守性をより高めることができる。

われわれの用語法において,「全般的に遵守」とは,われわれの勧告において討議したいくつかの改善機会はあるが,内部監査活動は,**基準**を遵守していると判断できる規程,方針およびプロセスを有することを意味する。「部分的に遵守」とは,実務において,**基準**から乖離していると判断できる欠陥は注目されたが,これらの欠陥により,内部監査活動が,承認できる方法でその責任を実行できなくなるほどではないことを意味する。「遵守していない」とは,実務における欠陥が非常に重要なので,内部監査活動が,すべてのまたは重要な責任領域において,十分な実施を行うことを著しく侵害するか,または実施できなくなると判断したことを意味する。

われわれは,XYZ社にこのサービスを提供する機会を得たことを光栄に思っている。われわれは,本報告書に関する質問を,喜んで受けるつもりであるし,必要な情報があれば提供するつもりである。

John Smith, CIA, CPA
プロジェクト・マネジャー

Robert Jones, CIA, CISA, CFE
IIA品質監査サービス,
ヴァイス・プレジデント

チーム・メンバー
・Jane Doe, CIA, CPA
　X社,内部監査部長
・Richard Roe, CPA, CISA
　Z社,監査マネジャー

観察および勧告

パートⅠ——XYZ社の管理についての検討事項

　ここで述べる観察および勧告は，主として，経営者調査書から受け取ったコメント，選択した役員とのインタビュー，およびこれらの事項のフォロ・アップに基づいている。これらはすべて，内部監査活動の有効性および価値の付加に貢献するため，直接的に重要である。

1．内部監査活動の独立性の強化

　基準遵守性に関する意見の中で，われわれは，内部監査活動の独立性および独立の外観は，報告関係を強化することにより改善できると述べた。**基準**1110，組織上の独立性に関する指針に準拠して，CAEは，監査委員会，取締役会またはその他の適切な監視機関に報告し（そして，この機関と直接かつ定期的にコミュニケーションをとり），かつ組織体のCEOに報告しなければならない。

　1998年の「XYZ社組織図」および内部監査活動規程によれば，内部監査活動は，CEOに報告する独立の監視機関である。しかしながら，実務上，CAEは，あらゆるタイプの組織上／監査上の問題点に関する数多くの会合を通して，機能上も，管理上も，CFOに報告する。CAEがCEOに会うことはほとんどなく，取締役会に直接報告することは全くない。（監査委員会はないが，設置を検討中である。）CAEのCFOとの関係は，有用であり，全般的に有効であるが，独立性を最適にはしない。われわれは，CEOとより頻繁に会合を持てば，内部監査活動の独立性は高まり，同時にXYZ社内でのCAEの存在感と信用度は増すであろうと考える。

　取締役会による監視に関していえば，内部監査活動の年次報告書のコピーは，取締役会に提供されている。CAEは，その後の取締役会の会議に出席し，質問に答えたり，情報を得たりすることができる。しかし，われわれは，上述した

独立性についての指針にいう,十分な「取締役会への報告」を構成するものとは考えない。

勧　告

われわれは,CEOが,内部監査活動の範囲および資源,主な勧告の実行,CEOの関心事またはサービス提供の可能性に関する情報,その他の重要事項を対象として,CAEと,私的に,定期的な(少なくとも四半期毎に)会合を持つように勧告する。われわれは,取締役会が,付章Iのモデルに類似した規程を持つ監査委員会を設置すること,および以下の報告を取締役会(監査委員会)に送付することを勧告する。

・重要な発見事項,内部監査活動の勧告,およびその他の取締役会に関係する事項の,四半期毎の要約。この四半期要約は,CEOにも送付され,(そして,上級経営者に配布される)CAEとCEOとの定期的会合の議事次第の一部となるであろう。

・内部監査活動の計画達成度に関する年次要約,および次年度の計画の要約――なお,CEOおよび上級経営者用のコピーを添付する。

・内部監査活動の権限,範囲または資源についての重要な変更,または新しいCAEを選任または現在のCAEを解任するCEOの計画について述べる,CEOから取締役会へのメモ。

2. **内部監査活動が,XYZ社の業務およびITのうち対象とする範囲を拡大することに関する支援／促進**

われわれが,内部監査活動が**基準**を部分的に遵守しているにすぎないという結論に達したもう一つの領域は,業務の範囲である。管理者の権限を高めるとともに,取引および手続的遵守性を非常に強調することについては,きちんとした理由があった。監査対象範囲および自己評価／プロセス改善ツールの開発

(こちらの方が，より重要)は，ともに重要であった。しかし，内部監査活動の大部分の資源を，低いレベルでの保証サービスに当てることは，業務／支援部門における重要なリスクに関して内部監査活動が対象とする範囲に，厳しい制約を課すことになった。この重要なリスク領域には，テクノロジーおよびこれに関連する情報システムの管理——ここでは，企業リスクレベルおよび内部監査活動による当該領域に関するリスク評価レベルの両レベルで，重大なエクスポージャーがあった——が含まれる。

　外部監査の対象範囲が，相当程度に上述した業務領域に関する内部監査活動の対象範囲が少ないことを補っているとの説明を，われわれは受けた。われわれは，この問題点について，上級経営者および外部監査人と討議し，現在有効な内部監査活動領域を，われわれが熟知している多くの他の組織体のそれと比較した。我々は，業務およびIT領域での監査およびその他の監視業務が，あるべき量よりも遙かに少ないとの結論に達した。これは，ある上級経営者が述べた，この領域で，より多くの／よりよい監査対象範囲を必要としているというコメントにより，確認された。

　比較的資源の投入量を少なくしつつ，内部監査活動の保証業務をより有効にするための方法をレビューしたことに基づいて，内部監査活動は，XYZ社の全領域において，バランスのとれた監査対象範囲とするために必要な変更を行う立場にあると，われわれは確信している。

勧　告

　われわれは，上級経営者が，特に結果の測定およびテクノロジーの管理を含む，XYZ社全体の業務およびIT領域に関する内部監査活動の領域および潜在的対象範囲を，速やかに拡張することをより以上に支援し，かつ促進するように，勧告する。

3．包括的監視／モニタリング領域の編集／実行

　2002－2005年度戦略計画書，経営計画書，進捗報告書，その他の関連性あるXYZ社のドキュメントは，組織目標，期待される結果およびアカウンタビリティに関する包括的な全体像を示す。これらは，活動および責任について記述し，中心的指標その他の情報を編集し，分析し，かつ報告するように求め，そして測定**基準**を確立して運用するように要請する。さらに，これらは，経営者によるレビューおよび評価プロセスの基礎となる。また同様に，独立の監視／モニタリング機関による分析，テスト，評価，品質レビュー，およびプロセス改善プロジェクトのため，検討すべき要素となる。

　しかしながら，目標，期待される結果およびアカウンタビリティ，それら自体は，監視／モニタリング領域を構成しない。それらは，資源を最適化する機会として，損失または失敗の可能性として，管理可能なリスクに言い換えられなければならない。これらのエクスポージャー／機会は，リスク・カテゴリー（たとえば，名声，戦略，資金調達，プログラム／プロセスの有効性，テクノロジー，取引および方針／手続遵守性）に分類されなければならない。それらはまた，一貫した尺度（すなわち，固有リスクおよび機会の性質と価値）で記述して測定され，比較され，層化／優先順位付けされ，そして以下を表すような単位に組織化される。

- 目標／プログラム／プロジェクト（またはこれらに関して区別できる部分）に対する責任
- ビジネス・プロセスおよび取引サイクル内の中心的意思決定権限
- 最も低い責任管理レベルに細分化された，支援活動の測定可能な影響（たとえば，伝達または仲介のコスト有効性）
- 個人および（または）機能の管理者の重要な行為に関する，他の**彼らに帰属させられ，かつ計量化できる**「結果」（アカウンタビリティ）

現時点で、われわれは、XYZ社における数レベルの管理者の中で、リスクに関する共通の認識と理解、またはリスクの十分な「所有」レベルがあるとは考えていない。リスクの識別および評価を実行することは、こうした理解の達成に役立つであろう。

ここで重要な原則は、ある単一の個人および（または）機能上の単位が、明確に各々のリスク／アカウンタビリティ単位であると認定されなければならず、これらのアカウンタビリティは、理想的には、ある人が組織体の各レベルで責任を持ち続けるような方法で、連鎖的に繋がってゆかなければならないということである。総合すれば、これらの単位は、組織体の全レベルで自己評価され、かつ報告され、それから個々の管理者および機能の業績レビューの一部として評価されるべき、すべての重要な活動および関連するアカウンタビリティの領域を表す。

この実行（包括的監視／モニタリング・フレームワークを編集し、評価し、かつ実行すること）の主たる目的は、業務および支援部門内のプロセス評価と同様に、経営者レビューおよびアカウンタビリティを促進することである。第二の目的は、XYZ社内での、独立の品質保証、プロセス改善、監査、および評価機能を、外部監査人と協力して、最適化することである。

勧　告

われわれは、XYZ社に、上述の簡潔な説明に似たプロセスをとって、包括的監視／モニタリング領域を編集し、かつ実行するように勧告する。内部監査活動および評価オフィスは、監査およびリスク評価の方法および経験により、上級経営者が、包括的な監視／モニタリング・フレームワークを設計し、かつ構築する際に、貢献できる。

パートⅡ──内部監査活動特有の問題点

1．内部監査活動の規程の更新

　最新の内部監査活動の規程は，1994年からのもので，その公式の責任に関する記述は，1998年の取締役会会議におけるものである。新IIA基準は，2002年1月1日から有効となった。われわれは，内部監査活動の業務の範囲および一部の監査プロセスについて，重要な変更を行うように勧告する。

勧　告

　内部監査活動は，上述した事項を認識するために規程を更新し，CEOおよび取締役会の承認を受けるため，これを提出する。（上級経営者に配布するコピーを添付する。）われわれは，付章Ⅱにある通り，内部監査活動についてのIIAによる最新の規程モデルのコピーを添付した。

2．内部監査活動領域での対象範囲を拡張するための更新

　われわれは，先の勧告において，内部監査活動領域を更新し，XYZ社の活動に関する対象範囲を拡張するについての根拠について述べた。われわれのレビューにより，内部監査活動は，いくつかのリスク評価および監査計画策定ツールおよびプロセスを有するが，これらは，さまざまなタイプの遵守性監査に焦点を置いていることが明らかになった。われわれはまた，内部監査活動の管理者と，拡張された領域を展開し，新リスク評価モデルを設計し，長期／短期の監査計画策定をより向上させるための，さまざまなアイデアおよび代替案について討議した。われわれはまた，内部監査活動の管理者に，他の組織体についての，リスク評価および監査計画策定プロセスに関する情報を提供した。

　XYZ社が，より多くの業務領域──特に，財務取引および方針・手続遵守性をこえた，監査，レビュー，およびコンサルティング・サービスについて──

を対象範囲とする必要があることは明らかである。(なお，遵守性監査は，一部の領域において，外部監査人が特に重視する領域である。)

勧　告

われわれは，内部監査活動が，更新された規程，XYZ社の監視／モニタリング領域，その他のわれわれの勧告に準拠して，その対象領域を，XYZ社のすべての業務領域およびITを対象に含むように拡張することを勧告する。われわれはまた，内部監査活動が，そのリスク評価モデルを拡張しかつ更新することを勧告する。われわれは，この領域および評価／計画策定ツールの更新が，以下の3でさらに述べるように，EOおよび外部監査人と相談して行うべきであると考えている。

3．内部監査活動と評価オフィス(EO)および外部監査人との調整のレビュー

XYZ社において，経営者によるレビューおよび評価以外の，主な3つの監視／モニタリング機能は，内部監査活動，評価オフィスおよび外部監査人である。これらは，それぞれ，特有の焦点，権限，責任，および範囲を有するが，これらの間には，多くの類似性がある。監視／モニタリング機能間で協調すべきという明白な理由に加えて，XYZ社には，次の二つの特殊な状況がある。

・EOの報告ラインが最近変更されたため，その性質／範囲は，評価領域に加える可能性のある領域を包括的にレビューするとともに，再評価されなければならない。EOは，その業務範囲に関して3つの選択肢を持つ。①経営者評価の設計，実行および改善を支援する（EOが最近中心としている領域），②主に，プログラム／プロジェクトの独立的評価およびマネジメント・プロセスの独立の品質評価に焦点を置く，および③上記を組み合わせて，独立に実施する（われわれは，これがEOの意図であろうと推測している）。

・外部監査サービスを提供する事務所（およびそのスタッフ）は，頻繁に変更されており，彼らはXYZ社について，さほど最新の経験を有していない。に

もかかわらず，彼らは，XYZ社の財務諸表についての意見を表明する上で必要な業務を制限する際に，そして内部コントロールズに対する限定的レビューおよびアドバイザーとしての役割を達成する際に，相当程度に，内部監査活動に依存しなければならない。彼らは，一部の地域オフィスの監査を含め，内部監査活動の領域の一部を対象に含めようとする意図はあるが，彼らが，どこでこうした監査を実行するのかは，まだ決まっていない。加えて，彼らは，より密接に監督しかつ調整する必要がある，ITの全般的コントロールズの一部について，主に外部コンサルタントを活用することにより，レビューし始めた。

こうした状況は，重複した作業を回避し，十分な全体的監査および評価対象範囲となることを確保し，そして共同作業や勧告の相互補完的フォロ・アップを通して互いの業務を向上するための，重大な機会を提供する。こうした意図を達成するためのツールには，対象領域の共有，リスク評価／計画策定の調整，および勧告データベースの共有がある。加えて，彼らは，相互に報告書をレビューし，有用と思われるならば，頻繁に会うことができる。

われわれが知っている一部の組織体では，内部監査と評価オフィスは同じ部門にある。――これは，XYZ社が長期的視野で検討すべき可能性である。しかし，われわれは，これが，現時点では，優れた案であるとは考えない。というのは，両機能は，大きく変貌している最中にあり，EOの役割と範囲が，完全には明らかにされていないからである。

勧　告

　われわれは，内部監査活動，EOおよび外部監査人が，作業の調整を達成するように，共同して，包括的監査／評価領域をレビューするように勧告する。さらに，われわれは，三者すべてが，共通の関心事に細心の注意を払うように勧告する。共通の関心事には，潜在的な業務範囲，新たなリスク評価モデル，EOの新たな報告ラインとその（新たに規定された）役割，および外部監査対象範囲の明瞭な規程――一部の業務については，共同チームを組む可能性も考慮して――が含まれる。

4．内部監査対象者との関係の改善

過去には，内部監査活動は，内部監査活動の対象者との連絡係（対象者担当）として，上級スタッフを任命していたが，これは続けられていない。われわれがインタビューした数名のスタッフおよび一部の役員は，特定の問題点／重要な変更への関与を含め，内部監査活動の代表者と適時に会えないと述べた。内部監査活動スタッフおよび役員は，両者間の一般的な「ネットワーク化」と同時に，より密接なコンタクト／相談がなければならないと感じている。——そして，コンタクト／相談が増えると，内部監査活動管理者のみでは扱いきれないと感じている。

勧　告

われわれは，対象者との関係をより良くし，業務計画策定のためにより良い情報が得られるように，対象者との連絡活動において，重要な対象者とコンタクト（必要であれば，内部監査活動管理者とともに）し，その他の連絡を担当する，「対象者担当」を，上級内部監査活動スタッフから任命することを復活するように勧告する。

5．勧告データベースのレビュー／浄化；より適時なフォロ・アップの要請

内部監査活動のフォロ・アップ・データベースには，2000項目以上がある。そのうち数百は，実際には閉鎖されており，他の数百の状態は不明である。内部監査活動は承認できると考えている多数の是正措置の報告が，対象者に通知されていない。後者の状況について，数名の役員は，数回注文を付けていた。われわれは，単純に，3年以上古い項目を消去することで，データベースを著しく縮小できると考えている。しかし，それでも，**フォロ・アップ・ツールとして**，これは扱いにくく，不十分なままであろう。

われわれは，上級役員，部門長および地域管理者が，勧告をフォロ・アップし，関連の行動計画を実行する上で，もっと積極的な役割を果たさなければな

らないと考える。上級役員は，部門および地域事務所を訪問中に，内部監査活動，EOおよび外部監査人からの重要なコメントをフォロ・アップする責任を持たなければならない。

勧 告

われわれの上述したコメントに留意して，勧告データベースをレビューし，かつ浄化するための，内部監査活動タスク・フォースを設置すべきである。われわれは，すでに，これが非公式の形で実施されつつあると理解している。すべての監査済みの対象単位に対し，特定年度（たとえば，1999年）以前の項目はすべて閉鎖することを検討している旨の包括的な通知を送付すべきである。残りの個別項目についての閉鎖通知を，できるだけ早く送付すべきである。内部監査活動が，そのデータベースの勧告・行動計画に対して「閉鎖」に入ると同時に，監査済みの単位に対し，自動的に通知を送信するように設定すべきである。

データベースに入力された各々の新項目について，フォロ・アップ責任のある役員を明示し，フォロ・アップ責任のある役員別に分類された，要約を自動的に作成して，四半期毎に，関連の役員に送信すべきである。内部監査活動によるフォロ・アップのために，定期的な（少なくとも四半期毎）「不履行報告書」を作成し，CEOおよび（関連セグメントの）責任ある上級役員向けのコピーを添付すべきである。

6．内部監査活動の資源およびスキル構成の再検討

われわれは，内部監査活動管理者と討議する中で，資源の問題点および人員配置事項について，広範囲にコメントした。われわれは，さらに二つのポイントを特に協調する。

・われわれは，われわれの簡潔なレビューに基づいて，内部監査活動にとって最適な人員配置レベルを判断する立場にはない。われわれは，内部監査活動

が，現在欠員となっているところを埋め，その資源を有効活用して方向性を変えることに繋がるであろうわれわれの勧告を実行した場合には，XYZ社に関し，十分な監査対象範囲を提供できない結果をもたらす指標は，何も見いだし得なかった。しかしながら，この点についてはあまりに不確定要素が多すぎる。われわれは，領域の拡張を完了し，包括的な監査および評価におけるリスク評価が実施された後に，事後的に検討する必要があると考える。

・われわれが，内部監査活動について，より以上の特殊な補助が必要であることを見いだした唯一の兆候は，IT監査領域においてであった。しかし，われわれは，現時点で，新たにIT監査スタッフを採用するように勧告はしない。むしろ，われわれは，(密接にコントロールされ，かつ監督を受ける) コンサルタントを活用することで，こうしたスキルを得るように提案する。

勧 告

われわれは，内部監査活動管理者および関係の上級経営者が，次の二段階において，内部監査活動の資源および人員配置をレビューするように勧告する。①われわれの勧告の採用範囲および時期を決定した後，および②包括的監査および評価領域を完了し，少なくとも，内部監査活動，EOおよび外部監査人によって，予備的リスク評価と共同での計画策定作業を行った後。

本報告書の付章ⅠおよびⅡ（253頁の目次，参照）は，**品質評価マニュアル**の付章Ⅲで利用できる。

ツール20-B

自己評価報告書

　自己評価報告書は，CAE（内部監査担当役員），経営者および取締役会のニーズに適合するのであれば，いかなる方式でも良い。しかし，外部正当化担当者が活用できるには，報告書は，ツール20の報告書の対象範囲のセクションであげた必須の要素を含まなければならない。ツール20-A「品質評価レビューの報告書例」で示された方式は，これらの要素を含んでいる。それゆえ，われわれは，自己評価報告書のモデルとしてこれを用いるように勧告する。

ツール20-C

独立の正当化担当者の報告書例

　内部監査人協会（IIA）は，XYZ社の内部監査活動の自己評価に関する独立の正当化の実行に従事した。この正当化の主たる目的は，XYZ社の内部監査活動に関する基礎的な期待の達成度，およびIIAの**内部監査の専門職的実施の基準（基準）**に対する遵守性に関し，添付の自己調査書でなされた主張を検証することであった。独立の評価において対象とされる場合もある他の事項——ベスト・プラクティス，ガバナンス，コンサルティング・サービス，および先進的テクノロジーの活用に関する詳細な分析など——は，CAEの合意を得て，この独立の正当化からは除外した。

　IIAの信任を得て，独立の正当化担当者として行動する上で，私はXYZ社から完全に独立であり，かつ本業務を行うために必要な知識とスキルを有している。X月X日に実施された正当化は，主として，自己評価の手続および結果のレビューおよびテストからなる。加えて，私は，CEO，財務担当副社長（CAEの直接の報告先），その他2名の上級経営者，監査委員会委員長および外部監査人の代表者にインタビューした。

〔正当化担当者が，自己評価書に完全に同意する場合〕
　私は，添付の自己評価報告書における内部監査活動についての結論に完全に同意する。

〔正当化担当者が，同意しない場合〕
　私は，以下の**基準**に対する全般的遵守性を除いて，添付の自己評価報告書における内部監査活動についての結論に同意する。

〔遵守されていない**基準**があれば，掲げる〕

　私は，内部監査活動が，部分的にしかこれらの**基準**を遵守していないと確信する。

〔部分的遵守の**基準**があれば，掲げる〕

　CAEと私は，部分的遵守か全般的遵守かの問題について討議したが，合意するに至らなかった。CAEが，内部監査活動は，全般的に遵守していると考える理由は，次のとおりである。

〔CAEの論拠を掲げる〕

　私が，内部監査活動は，部分的にしか遵守していないと考える理由は，次のとおりである。

〔独立の正当化担当者の論拠を掲げる〕

　CAEは，本報告書のコピーを，自己評価報告書とともに，監査委員会委員長，CEOおよび財務担当副社長（CAEの直接の報告先）に提出すべきである。

　私は，添付の自己評価報告書に記載のコメントおよび勧告に加えて，以下のコメントおよび勧告をする。

〔コメントおよび勧告を掲げる〕

　私の勧告および自己評価書における勧告を実行すれば，内部監査活動の有効性を改善し，価値を高めることになるであろうし，**基準**に対する完全な遵守を保証することにもなるであろう。

〔サイン〕

〔独立の正当化担当者の名称，プロフェッショナルの資格，および所属〕　日付

索引

〔ア〕

アプリケーション・システム監査 …209
e-コマースおよびインターネット
　監査 ……………………………211
エンドユーザー・コンピューティング
　監査 ……………………………211

〔カ〕

ガイダンス特別委員会 …………10
外部監査 …………………………25
外部監査人 ………………………190
外部対象者調査書 ………………31
外部評価 ………15, 105, 108, 243
外部品質評価 ……………………2, 24
外部レビュー者の資格 …………106
ガバナンス ………………………246
監査委員会 …78, 85, 92, 122, 123, 166
監査計画 …………………………199
監査計画の完了 …………………216
監査対象者調査書 ………156, 159
監査対象者の調査 ……………30, 60
監査調書のレビュー ……………61
監査報告書 ………………………216
監視／モニタリング ……………118
監視グループ ………………18, 20, 113
監督 ………………………………230
「機会」リスク ……………………114
企業リスクのフレームワーク …114
基準適合性 ………………………44
基準に準拠して実施された …15, 111
基準を全般的に遵守している …240
客観性 ………………………107, 240
教育・実務資料 …………………12
業績測定基準 ………………131, 137
業務管理 …………………………232
業務管理者 ………………………176
業務基準 ………………12, 236, 244
業務計画 …………………………247
業務の実施 ………………………248
経営者のリスク許容度 …………250
経営情報リスク …………………115
継続的教育 ………………………204
継続的な専門的能力の研鑽 ……242
継続的なモニタリング …………250
結果の伝達 ………………………249
現地での業務 ……………………34
個別監査調書 ……………………219
コンサルティング業務 …………137
コントロール ……………………246
コントロールの自己評価 ………133

コンピュータ利用監査ツール …214
コンプライアンス ………………126
コンプライアンス・リスク ……116

〔サ〕

最終意見交換会 …………………37
財務諸表 …………………………124
CAEが報告する役員 ……………171
CAE質問書 ……………45, 58, 64, 151
資金調達リスク …………………115
自己調査書 ………28, 45, 59, 139, 141
資産の保全 ………………………224
システム開発監査 ………………210
執行役員 ……………………79, 86
実施グループ ………………18, 114
実施準則 …………………………13
実践要綱 ……………………11, 101
熟達した技能 ……………………241
遵守していない …………………239
上級経営者 ………………………176
情報技術リスク …………………115
情報セキュリティ監査 …………212
情報テクノロジー ………………206
情報の検証および評価 …………225
信用リスク ………………………114
スタッフ分析 ……………………201
ステュワードシップ・グループ
 …………………………18, 113
誠実性 ……………………………107

世界監査情報ネットワーク …24, 80
世界的に共通の知識体系 ………10
全般的に遵守 …………………238, 258
専門職としての正当な注意
 …………………227, 241, 242
戦略リスク ………………………114
属性基準 ………………12, 235, 240

〔タ〕

定期的なレビュー ………………104
データ・センター ………………207
電気通信およびネットワーク監査
 …………………………………213
同時進行的レビュー …………54, 103
特別プロジェクト ………………218
独立性 ……………106, 128, 240, 259
独立の正当化担当者 ……………271
独立の正当化を伴う自己評価
 …………………2, 39, 42, 108
取締役会 ………………78, 92, 166
取引リスク ………………………116
トレッドウェイ委員会支援組織委員会
 …………………………………134

〔ナ〕

内部監査 …………………………125
内部監査活動 ……………………16
内部監査活動規程 ……………65, 127

内部監査活動計画 ……………………66
内部監査活動スタッフ …………186
内部監査活動スタッフ調査書 …162
内部監査活動組織体の評価 ……195
内部監査活動の管理 ……………244
内部監査スタッフの調査 …………33
内部監査担当役員 ………………181
内部監査の専門職的実施の基準　101
内部監査の定義 ……………………8
内部監査の適格性フレームワーク
　……………………………………10
内部統制 ………………125, 134
内部評価 …………14, 53, 55, 103, 243

〔ハ〕

評判リスク ……………………114
品質／プロセス改善 ……………70
品質評価チーム ……………26, 27
品質評価プログラム ……………17
品質プログラム ……………102, 110
品質保証および改善プログラム
　……………………………14, 242

フォロ・アップ ………………38, 231
不完全な遵守 …………15, 112, 243
部分的に遵守 …………………239, 258
プロフェッショナルな技能 ……203
報告書 ……………………………251
保証機能 …………………………136
保証グループ …………………19, 114

〔マ〕

マネジメント・コントロール ……121

〔ヤ〕

有効性リスク …………………115
予備的訪問 ………………………29

〔ラ〕

リスク管理 ……………………8, 245
流動性リスク …………………115
倫理綱要 …………………………11

〈監訳者紹介〉

松井　隆幸（まつい　たかゆき）

　拓殖大学商学部教授。1985年，中央大学商学研究科博士後期課程満期退学。拓殖大学商学部助手，専任講師，助教授を経て，1997年より現職。第15回青木賞受賞（2001年）。現在，日本監査研究学会理事，日本内部監査協会・内部監査実務委員会委員。著・訳書に，『監査論問題演習（第3版）』（中央経済社，2000年），『独立性と客観性』（日本内部監査協会，2002年）など。

〈日本内部監査協会
品質評価マニュアル翻訳委員会〉

松井　隆幸		第1章～第6章
中村　映美	（なかむら　えみ）	付章Ⅰ～付章Ⅳ 龍谷大学経営学部講師
武田　和夫	（たけだ　かずお）	ツール1～ツール11 萩国際大学国際情報学部講師
山田　恵	（やまだ　めぐみ）	ツール12～ツール18 拓殖大学商学部講師
土屋　一喜	（つちや　かずよし）	ツール19～ツール20 日本内部監査協会事務局次長

平成15年4月15日　初版発行　　　　　　　（検印省略）
　　　　　　　　　　　　　　　　　　　略称：内部品質

内部監査の品質評価マニュアル
――有効性と価値の向上のために――

　監訳者　　Ⓒ　松　井　隆　幸
　訳　者　　　　日本内部監査協会
　　　　　　　　品質評価マニュアル翻訳委員会
　発行者　　　　中　島　治　久

発行所　同 文 舘 出 版 株 式 会 社
　　　東京都千代田区神田神保町1-41　〒101-0051
　　　営業（03）3294-1801　　編集（03）3294-1803
　　　振替 00100-8-42935　http://www.dobunkan.co.jp

Printed in Japan 2003　　　　製版　一企画
　　　　　　　　　　　　　　印刷・製本　KMS

ISBN4-495-16941-6

本書とともに

実践的 内部監査の実務

日本内部監査協会　編

守屋光博・渡辺克郎・角田善弘　著

A5判292頁
定価（本体2500円＋税）

同文舘出版株式会社